Paris

1899

Lombroso, Cesare

*L'Antisémitisme*

(Couvres la Couverture)

ÉTUDES DE SOCIOLOGIE

CÉSARE LOMBROSO

4460

# L'ANTISÉMITISME

TRADUIT DE LA 2ᵉ ÉDITION ITALIENNE

par les Docteurs A. MARIE et M. HAMEL

Médecins des Asiles publics de la région de Paris

Avec une préface

de M. le Dʳ PAUL BROUSSE

Conseiller municipal de Paris

PARIS

V. GIARD & E. BRIÈRE

LIBRAIRES-ÉDITEURS

16, Rue Soufflot, 16

1899

ÉTUDES DE SOCIOLOGIE

———

# L'ANTISÉMITISME

# ÉTUDES DE SOCIOLOGIE

## CESARE LOMBROSO

# L'ANTISÉMITISME

TRADUIT DE LA 2ᵉ ÉDITION ITALIENNE

par les Docteurs A. MARIE et M. HAMEL

Médecins des Asiles publics de la région de Paris

Avec une préface

de M. le Dʳ PAUL BROUSSE

Conseiller municipal de Paris

PARIS

V. GIARD & E. BRIÈRE

LIBRAIRES-ÉDITEURS

16, Rue Soufflot, 16

1899

# NOTE DES TRADUCTEURS

Chargés, dès 1893, de soumettre au public français une série de monographies de l'Ecole italienne, parmi lesquelles l'antisémitisme de Lombroso, nous avons pensé que les circonstances actuelles ne donneraient que plus d'intérêt à un plaidoyer *pro Israël*, émané d'un savant étranger aussi connu que le maître turinois.

Quelques considérations surajoutées, touchant une affaire qui passionne le public européen, pourront intéresser ceux qui partagent l'opinion de l'auteur comme ceux qui la rejettent. Nous n'entendons nullement prendre part au débat, mais seulement apporter un élément d'information intéressant, relativement à l'opinion étrangère sur la question.

D<sup>rs</sup> Marie et Hamel.

# PRÉFACE

Voici un livre de Lombroso pour lequel l'un des traducteurs, mon ami le Docteur Marie, a eu l'étrange idée de me prier d'écrire une préface. Je n'ai pas de notoriété suffisante pour présenter cette traduction au public. Heureusement qu'une œuvre du savant criminaliste italien fait sans patronage son chemin dans le monde. Je me bornerai à dire ici, aux lecteurs de ce pays, tout l'intérêt que j'ai pris à sa lecture.

Avec le livre de Lombroso, nous entrons dans l'examen, par des méthodes scientifiques, de cette « manifestation attristante de l'esprit humain » qu'est le mouvement antisémite actuel. Le savant auteur n'espère point convaincre, ni persuader « aucun des fanatiques qui d'une question ethnique se font une arme en même temps qu'un tremplin pour une gloire malsaine ». Il le déclare dès les premières lignes de sa préface. Du moins apporte-t-il d'irréfutables arguments aux hommes de Justice et de Liberté qui combattent au nom des principes inscrits dans la Déclaration des droits de l'homme et du citoyen.

C'est qu'il ne suffit pas de déclarer au nom de l'Égalité républicaine qu'il ne peut plus y avoir à notre époque de guerres de religion et de s'indigner qu'il s'y pose une question antisémite.

Comme à d'autres périodes de notre histoire, la question juive montre sa reviviscence, et pour la résoudre, il est préalablement nécessaire d'en pénétrer la causalité.

S'il y avait une raison ethnique de l'antisémitisme, s'il existait un type juif inassimilable, jouant dans les chairs des nations modernes le rôle d'un corps étranger dans l'organisme humain on peut croire que le type hébraïque n'aurait point échappé à la clairvoyance de l'écrivain du *criminel-né*.

Lombroso au contraire fournit d'abondantes preuves que ce type n'existe pas. Il établit qu'on doit voir dans l'antisémitisme un résultat historique, et non une conséquence ethnique. Il y a là une question politique ; il n'y a pas une question de race.

Le juif est un sémite. Le sémite a écrit Picard n'est pas civilisateur. Il est impropre au progrès. Dans une nation il est un parasite. Il y a nécessité de l'en extirper. Voilà l'argument. Cependant aucun historien ne peut admettre que les termes de *sémite* et de *juif* sont synonymes. On sait bien que les Phéniciens, les Syriens, les Carthaginois, les Abyssins, les Arabes, étaient des sémites aux mêmes titres que les anciens Hébreux ? Cela était établi au moyen-âge ; et Eichhom mit ce fait en dehors de tout débat au siècle dernier. Renan, depuis, en s'appuyant sur des preuves philologiques, enseignant la distinction à faire encore de nos jours entre les peuples indo-européens et les peuples sémitiques, disait : « Je ne parle pas des « Juifs, auxquels leur singulière et admirable des- « tinée historique a donné dans l'humanité comme « une place exceptionnelle ». Ce nez « hébraïque », motif de si faciles plaisanteries de la part de nos ethnologues vulgaires, ce nez juif n'a point du tout l'origine sémitique, Ce nez gros, arqué, Lombroso le démontre, est au contraire le nez arménien. A la lumière de la craniologie, ajoute Lombroso, « l'an- tagonisme ethnique du juif s'évanouit. » Cette science fournit la preuve que « le juif est plus aryen que sémite ».

Il n'est point de pays, en Europe, dont la popu- lation ne résulte de races très diverses ; pour la France, par exemple, races celtique, basque, latine, germanique. Et au-dessous des couches de ces populations, a fait remarquer Leroy-Beaulieu, on « a reconnu des stratifications plus anciennes que « les alluvions indo-européennes semblent avoir « seulement recouvertes. Les races fossiles, la « race de Cro-Magnon ou celle de Néanderthal « n'ont pas entièrement disparu devant les Aryas « d'Asie ».

La fusion de ces races au creuset national ne se fait pas avec la même vitesse, voilà tout. Et les

causes de la lenteur d'assimilation de tel groupe,
on les trouve quand on les cherche sans préoc-
cupation autre, non pas dans l'antagonisme ethnique mais dans l'intervention de faits d'origine simplement historique. Comme ces îlots qui surna-
gent encore à l'état solide dans le métal en fusion,
un groupe de population disparaît momentané-
ment pour reparaître moindre, mais bientôt s'évanouit à jamais dans l'alliage définitif.

Il suffit dans une société que quelques personnes
s'adonnent à une occupation professionnelle particulière pour qu'elles forment un groupe livré à
l'ironie, ou à la haine de ceux à qui elles font ainsi
subir une concurrence désagréable. Les Auver-
gnats, les Savoyards, ne constituaient-ils pas des
groupes professionnels dans une France encore
récente? Encore n'étaient-ils pas en possession
séculaire du monopole légal de l'exercice de ces
métiers spéciaux? Que dire alors de ces Juifs
devant qui toute corporation demeurait au moyen-
âge hermétiquement close? Les ouvriers chrétiens
chassaient les Juifs des confréries. Tout travail
leur était interdit ; ils ne pouvaient se donner à
aucun métier, se livrer à aucun commerce. Au
xviiie siècle encore on leur ferma les corporations,
même ouvertes aux étrangers ! En 1767, un arrêt
du Conseil du roi avait statué qu'à l'aide de bre-
vets, les étrangers pourraient pénétrer dans les
six corps de marchands. Les Juifs allaient en pro-
fiter, lorsque les Chrétiens de ces six corps d'état

protestèrent véhémentement et eurent gain de cause. (Voir: *Requête des marchands et négociants de Paris contre l'admission des Juifs*). Chose qui n'a pas été assez remarquée, tandis qu'on les écartait ainsi du commerce ordinaire et de l'industrie, on les *autorisait* à s'appliquer au commerce de l'argent. De ce commerce-là, on leur constituait, pour ainsi dire, un monopole. Le droit canonique proscrivait le prêt à intérêt sous le nom d'usure. Le concile de 1179 refusa la sépulture aux usuriers impénitents ; celui de 1240 annula leurs testaments; celui de 1311 les livra à l'Inquisition. Il ne pouvait donc plus y avoir de prêteurs que parmi les mécréants, parmi ces Juifs, à qui leur religion n'interdissait pas ce genre de commerce, et qui étaient autorisés par les rois à s'y adonner, par Philippe-Auguste par exemple, qui leur passait un prélèvement légal de 46 0/0.

A cette période historique de fanatisme religieux, où l'Eglise, cherchant à réaliser sa conception des Etats chrétiens sous la souveraineté de la papauté, lançait l'Europe contre les Arabes, armait les nationalités européennes contre le Mahométisme, cette même Eglise ne pourchassait-elle pas à l'intérieur l'hérésie, toutes les hérésies ? Comment ces hommes à qui l'on imposait, comme signes distinctifs, le bonnet à cornes, le rouelle jaune sur l'épaule, chassés des campagnes, exclus des corporations, parqués dans l'usure et les ghetti, n'auraient-ils pas accepté de former un État dans l'État, n'auraient-ils pas été condamnés à former une sorte de nation intérieure animée d'un patriotisme juif ?

Mais ce phénomène n'est point unique dans l'histoire !

« La réforme du XVIe siècle doit être considérée, écrit Renan, comme une recrudescence de l'esprit hébreu produite par la lecture de la Bible. » Traqués aussi, les réformés ne formèrent-ils pas un État dans l'État ? N'y eut-il pas un patriotisme protestant ? Mais l'Église fut en présence, ici surtout, de soldats et non de faibles manieurs d'argent. Et ces soldats obtinrent des places de sûreté. Et finalement on dut composer avec cet État intérieur militaire.

On ne peut donc s'étonner que par la vertu de la politique cléricale, et non par raison ethnique, les groupes juifs aient survécu en Europe, quoique les progrès de leur fusion soient visibles et incontestables. Quelque enragée que soit la campagne anti-juive actuelle, on n'osera pas, j'espère, en comparer les effets aux expulsions en masse comme celle de 1394, et nul de ses adhérents ne rêve même au renouvellement des massacres de 1096, 1146, 1306, 1321, 1541, 1559, 1576, 1614, 1623, 1628, 1659.

Malgré l'évidente pénétration du Juif et sa fusion dans la société moderne, arrivée à ce point d'incorporer une des plus belles manifestations du patriotisme national dans une personnalité juive, le

« fou furieux » de M. Thiers, dans Gambetta, il est évident que quelques causes secondes ralentissent encore le procès de la fusion finale des groupes juifs.

Lombroso ne trouve pas dans la différence de culte qui, dans les temps modernes, va en s'affaiblissant, une raison suffisante à la haine antisémitique. Il y a d'autres motifs en effet qui vont plus au fond de l'âme contemporaine.

La grande propriété terrienne est menacée par la finance d'une mobilisation prochaine et les propriétaires terriens ne peuvent s'élever contre les progrès croissants de la richesse mobilière sans voir comme principal ennemi les grands financiers juifs. Rompues à l'exercice, pendant plusieurs siècles du commerce d'argent, les habiles banques juives ont échappé aux atteintes des Krachs successifs de l'Union générale, du Comptoir d'escompte ; elles ne furent touchées que faiblement dans la vaste flibusterie du Panama.

De son côté, le petit commerce a besoin de crédit, et on connaît l'insuffisante organisation et la cherté du crédit actuel. Là encore les petits marchands mettent en jeu la responsabilité de la banque juive. Il n'y a pas jusqu'aux ouvriers, je parle de ceux-là seulement qui n'ont sur le socialisme scientifique aucune clarté, qui ne croient faire œuvre révolutionnaire, en préludant à l'expropriation générale des capitalistes par celle des capitalistes juifs, à leurs yeux, les plus représentatifs, et dont les noms sont les plus répandus dans les masses.

Voilà les conditions qui maintiennent à l'état endémique la maladie sociale qu'est l'antisémitisme.

Quelles sont maintenant les causes occasionnelles de son explosion contemporaine? La raison du phénomène de sa reviviscence ?

Le savant criminaliste italien ne s'y trompe point. Sur ce point sa perspicacité ne sera pas prise en défaut.

L'antisémitisme, sous d'autres appellations moins scientifiques, s'était déjà manifesté à des époques antérieures; il couvait, écrit-il, à l'état tatent dans les bas-fonds des nations européennes.

A côté des causes qui expliquent l'antipathie *latente* depuis des siècles entre le Juif et ses concitoyens, il est nécessaire d'admettre l'action d'autres causes, de celles qui amènent ces explosions de haine aiguë, véritables *épidémies* dont nous voyons aujourd'hui un exemple.

Ces raisons occasionnelles, il les trouve où elles sont, dans les complots du cléricalisme. N'est-ce pas précisément les pays chez lesquels l'antisémitisme politique s'est le plus développé où le sentiment religieux chrétien a encore une vitalité suffisante ?

Nous vivons, en effet, à un de ces moments de l'histoire où le régime républicain n'ayant pas réalisé les espérances des humbles, donné les

améliorations rêvées, attendues, escomptées, une
grande lassitude se répand dans les masses? A
ces moments de désillusion sociale se place toujours un retour offensif de la réaction et de son
âme damnée, le parti clérical.

Sous la première république, les monarchistes
avaient un prétendant au nom duquel ils pouvaient
marcher à la conquête des pouvoirs publics. Ils
avaient aussi une plateforme politique, une campagne à mener au nom de la pitié au lendemain
de si nombreuses hécatombes ; ils possédaient un
cri de ralliement : A bas les régicides !

Sous la seconde république ils trouvèrent sous
la main l'héritier d'un grand nom ; ils le poussèrent au pouvoir l'espérant plus maniable. A cette
heure, au lendemain de la dangereuse agitation
boulangiste, il ne restait plus d'arme à la réaction,
pas un général populaire, pas un prétendant pré-
sentable, pas une espérance ! Or la victoire républicaine récente avait été remportée sous le com-
mandement d'un Juif, au cri fameux de « sus au
cléricalisme ! » Il vint tout naturellement à l'esprit
dans les conseils des cléricaux de retourner simplement la question. Les *déicides* vinrent utilement
remplacer les *régicides*. Et la lutte au profit de
l'obscurantisme fut menée, comme sous le Direc-
toire, comme en 1850, sous le couvert d'un respect extérieur pour la forme républicaine. Selon
la très judicieuse remarque de Lombroso, on put
utiliser les émotions patriotiques actuelles qui sou-

lèvent la France, et user contre les Hébreux et les
libéraux de l'arme si efficace du patriotisme. A
la popularité de l'idée de la défense nationale
personnifiée par le juif Gambetta, qui permit de
vaincre, le 24 mai et le 16 mai, on a réussi à oppo-
ser une accusation de trahison contre la Patrie et
à l'incarner dans la personne d'un autre sémite,
de Dreyfus. Aussi ne peuvent-ils permettre la
réhabilitation du prisonnier de l'île du Diable,
sous peine d'être privés de leur moyen d'action.

On voit par là que ce sont de très explicables
motifs politiques qui ont donné une reviviscence
momentanée à l'antagonisme latent entre Chrétiens
et Juifs ; que ce mouvement sera éphémère, et que
le procès de fusion des groupes sémites dans la
grande patrie française se poursuivra jusqu'à complète assimilation.

Le livre de Lombroso est convaincant et rassu-
rant.

Paul BROUSSE,
*Conseiller municipal de Paris.*

# AVANT-PROPOS

Invité il y a quelques mois par la *Neue Freie Presse* et par la *Revue des Revues* à exprimer mon opinion sur l'Antisémitisme, je n'ai pas répondu tout d'abord de bonne grâce. J'éprouvais cette instinctive répugnance que ressent tout savant, même le moins rebuté, quand il lui faut aborder l'étude d'une manifestation attristante de l'esprit humain. Examiner une haine entre peuples, qui ne saurait être justifiée de nos jours, est à vrai dire une tâche odieuse et douloureuse et il est pénible de s'y soumettre.

Mais, comme il arrive souvent, une fois le travail commencé, les répugnances du début disparurent, et au fur et à mesure, j'éprouvais ce besoin de rechercher et d'approfondir qui entraîne tout homme désireux d'apprendre, en face d'un problème dont la clé lui échappe ; je me persuadais qu'un phénomène humain qui s'observe en tant de régions et chez tant d'individus mérite une étude attentive.

A l'aide de l'anthropologie et de la psychia-
trie, j'avais déjà cherché à résoudre des pro-
blèmes bien plus difficiles, tels que la nature
du *génie*, du *délit simple* et du *délit politique* ; je
ne devais donc pas trouver trop ardu un tel
sujet, grâce à la nouvelle méthode introduite
par moi dans le monde scientifique, méthode
qui devait dans le cas particulier me garantir
du danger de partialité. Enfin la tâche m'appa-
rut aisée quand je vis que je pouvais m'aider
des travaux d'écrivains d'un génie aussi puissant que MM. Leroy Beaulieu (1) ; Novikow (2) ;
Luschan (3), Jacobs (4) et Bernard-Lazare (5).

Le témoignage de tels maîtres, appartenant
aux nations qui comptent le plus d'anti et de
philosémites, a constitué pour moi une nouvelle garantie de rectitude et d'impartialité,
pour qui douterait de la méthode que j'em-
ploie depuis longtemps.

Je n'espère, toutefois, persuader aucun des
fanatiques qui d'une question ethnique se font
une arme en même temps qu'un tremplin pour

1. *Israël chez les Nations*, 1800.
2. *Lutte entre les races humaines*, 1891.
3. *Position antropologique des Juifs*, 1892.
4. *The News-Journal of the Antropology Institute Great Brittan*, 1885-6 et 1891.
5. Bernard-Lazare *L'antisémitisme*, 1894.

une gloire malsaine ; quand une spéculation politique s'appuye sur les sentiments instinctifs et sur les tendances congénitales, la critique et la persuasion restent complètement impuissantes.

Turin, 2 décembre 1898.

LOMBROSO.

# CHAPITRE PREMIER

## LES CAUSES.

Pendant que, de toutes parts, se font jour en cette
fin de siècle, des tendances arcadiques à la philan-
thropie et à la fraternité internationale, un souffle de
haine sauvage se répand sur les nations les plus
civilisées d'Europe, provoquant des scènes qui
rappellent les plus mauvais jours du moyen âge ;
c'est le souffle de l'antisémitisme qui a pris nom
et asile en Allemagne, mais qui sous d'autres appellations moins scientifiques s'était déjà manifesté
à des époques antérieures, et couvait à l'état latent
dans les bas-fonds des nations européennes.

C'est là un phénomène trop important pour que
le sociologue ne s'en préoccupe et n'en étudie les
causes et remèdes.

Quelles en sont les causes les plus apparentes ?

On a invoqué le peu d'affinité des races, principalement dans les pays où les rapprochements
n'ont pas été favorisés par des mariages et des intérêts réciproques. Mais cette cause n'est pas ad-
missible ; car, des divergences de race plus gran-

1

des se rencontrent chez des peuples qui ont fussionné. On peut même dire qu'il n'est pas de pays en Europe qui ne présente une vrai mosaïque de races très variées. Ainsi, en France nous trouvons côte à côte les races celtiques, basques, latines et germaniques (Normands) ; en Angleterre, la celtique avec l'anglo-saxonne et la latine.

On a également accusé la trop grande richesse des juifs; Bebel donne comme une des causes de l'antisémitisme en Allemagne, l'accaparement complet qu'ont fait les juifs du commerce agricole ; nous ne voyons cependant pas, que dans des conditions analogues nos grands propriétaires fonciers, ni les richissimes capitalistes anglais ou américains, soient l'objet d'une telle haine instinctive.

En Russie, le Juif a été remplacé partout par le *Koulak* (le paysan prêteur) qui sévissait déjà dans tous les villages de Russie où n'étaient pas les Juifs russes. Or, on n'a pris aucune mesure contre le Koulak qui n'est pas haï.

Il est vrai que le capital foncier, dans sa lutte contre le capital industriel, est devenu antisémite, parce que le Juif est pour le propriétaire territorial le représentant le plus typique du capitalisme commercial et industriel. Ainsi, en Allemagne, les agrariens protectionnistes sont hostiles aux Juifs qui sont au premier rang des libre-échangistes. Les Juifs sont opposés par essence et par intérêt à la théorie physiocratique qui attribue la souveraineté politique aux possesseurs de la terre, et ils soutiennent la théorie industrielle qui fait du pouvoir l'apanage de l'industrie.

Mais il est vrai aussi que l'immense majorité des Juifs, près des sept huitièmes, sont d'une extrême pauvreté. En Russie, en Galicie, en Roumanie, en Serbie, en Turquie, leur misère est affreuse. Ils sont pour la plupart des artisans, et, en cette qualité, ils pâtissent de l'état social actuel, tout commé les salariés chrétiens. Ils sont même parmi les prolétaires les plus déshérités. A Londres, dans cette compacte agglomération juive de l'East-End, composée de réfugiés polonais, les tailleurs juifs occupés dans les ateliers de confection travaillent douze heures par jour et gagnent en moyenne 62 centimes par heure, mais la majorité chôme trois jours par semaine, une partie ne travaille que deux à trois jours, et, en tout temps, dix à quinze mille Juifs non embauchés meurent de faim dans une détresse abominable. A New-York, ils sont au nombre de deux cent mille, et, avant la fondation de l'*Union des Tailleurs*, beaucoup étaient astreints à vingt heures de travail par jour et touchaient un salaire de cinq à six dollars par semaine ; depuis, si leur salaire n'a pas été augmenté, la durée de la journée a été réduite à dix-huit heures et, dans quelques établissements, à seize heures (1). En Russie, leur condition est pire. A Vilna, des Juives occupées dans les manufactures de bas tricotés

(1) Miss. I. Van Etten : Les Juifs russes comme immigrants (*The Forum*, n° d'avril 1893).

gagnent quarante kopeks (1) par journée de quatorze heures de travail ; cinquante kopeks est le
salaire moyen des hommes dans toutes les industries, pour des journées variant de quatorze à vingt
heures ; l'immense majorité des ouvriers entassés
dans les villes du territoire ne trouvent même pas
à s'employer (2). En Galicie, la situation pour la
population ouvrière n'est pas meilleure, et il en
est de même en Roumanie.

On a beaucoup aussi exagéré la richesse du juif.

« Il y a beaucoup de juifs riches dans la plupart
« des villes européennes, mais la grande majorité
« de ce peuple a toujours été pauvre et l'est encore
« aujourd'hui, écrit Mac-Culloch (*Principe d'éco-*
« *nomie politique*, p. 17, 18). Dans une lettre au
député Mezey écrite contre l'antisémitisme, Kossuth
dit : « l'aisance des juifs en Hongrie dépend de
« leur activité et de leur esprit d'épargne ; ce ne
« sont pas les juifs qui sont la cause du recul gé-
« néral, mais ceux qui imbus de préjugés ne peu-
« vent rivaliser avec eux. Et à ce propos, je rap-
« pelle aux Maggiars, qu'il n'y a pas un seul juif
« parmi les crésus américains, parce que le juif
« ne peut rivaliser avec l'Américain. »

Bernard-Lazare trouve la cause principale de
l'antisémitisme dans l'exclusivisme des Juifs, fo-
menté par la loi ancienne, et par le Talmud.

(1) Le kopek vaut quatre centimes.
(2) Léo Errera : *Les Juifs Russes.*

Selon lui, « l'attachement d'Israël à sa loi fut une des causes premières de sa réprobation ».

« Si encore les Israélites s'en fussent tenus au mosaïsme pur, nul doute qu'ils n'aient pu, à un moment donné de leur histoire, modifier ce mosaïsme de façon à ne laisser subsister que les préceptes religieux ou métaphysiques ». Une chose empêcha cette fusion : ce fut la domination des docteurs renforcée par des causes patriotiques.

« Lorsque la nationalité juive se trouva en péril, on vit, sous Jean Hyrcan, les Pharisiens déclarer impur le sol des peuples étrangers, impures les fréquentations entre Juifs et Grecs. »

« Si ces prescriptions avaient perdu leur autorité quand disparurent les causes qui les avaient motivées, et en quelque sorte justifiées, le mal n'eût pas été grand ; mais on les voit reparaître dans le Talmud, et l'autorité des docteurs leur donna une sanction nouvelle ».

« Pour garder le peuple de Dieu, à l'abri des influences mauvaises, les docteurs exaltèrent leur loi au-dessus de toutes choses. Ils déclarèrent que sa seule étude devait plaire à l'Israélite, et, comme la vie entière suffisait à peine à connaître et à approfondir toutes les subtilités et toute la casuistique de cette loi, ils interdirent de se livrer à l'étude des sciences profanes et des langues étrangères. « On n'estime pas parmi nous ceux qui apprennent plusieurs langues », disait

déjà Josèphe ; on ne se contenta bientôt plus de les
mésestimer, on les excommunia ».

« Une autre cause d'exclusivisme fut l'indomp-
table patriotisme d'Israël (Bernard-Lazare).

« Certes, tous les peuples furent attachés au sol
sur lequel ils étaient nés. Vaincus, obligés à l'exil
ou à l'esclavage, ils restèrent fidèles au souvenir
de la patrie perdue ; mais aucun ne connut la patriotique exaltation des Juifs…. Jérusalem était la
cité du Temple unique, le seul lieu du monde où
l'on pût efficacement adorer Dieu et lui offrir des
sacrifices. Ce ne fut que tard, fort tard, que des
maisons de prière s'élevèrent dans d'autres villes
de Judée, ou de Grèce ».

De plus, ils se séparaient des habitants par leurs
rites et leurs coutumes; ils considéraient comme
impur le sol des peuples étrangers et cherchaient
dans chaque ville à se constituer une sorte de territoire sacré. Ils habitaient à part, dans des quar-
tiers spéciaux, s'enfermant eux-mêmes, vivant
isolés, s'administrant en vertu de privilèges dont
ils étaient jaloux et qui excitaient l'envie de ceux
qui les entouraient. Ils se mariaient entre eux et
ne recevaient personne chez eux, craignant les
souillures. Mais un exclusivisme analogue, pire
même, se retrouve chez les Parsis, chez les Bra-
hamanes et chez les Mahométans, chez les Chinois, sans qu'il ait engendré contre eux une haine
spéciale, et du reste les Juifs avaient des colonies
florissantes à Rome (20.000 au temps de Tibère, à

Alexandrie, en Chine, dans l'Inde et aussi bien avant qu'après l'élaboration du Talmud. Il n'est pas, écrit Strabon, un endroit sur la terre qui n'ait reçu cette race. Et bien avant le Moyen Age, ils s'étaient détachés de Jérusalem ; ainsi lorsque Julien l'Apostat, qui avait aboli les lois restrictives de Constantin et de Constance, contre les Juifs, voulut reconstruire le temple de Jérusalem, les communautés israélites étrangères restèrent sourdes à l'appel impérial : elles s'étaient détachées de la cause nationale, et la dissémination des Juifs les contreignant à une aide mutuelle contribua à leur isolement. Et si leur exclusivisme les porta à renier pendant longtemps comme pour le Coran, les Mahométans, tout livre qui ne fut la Bible, toute langue qui ne fut l'hébraïque et si même encore tout près de notre siècle c'était un crime en Pologne et en Allemagne de lire des livres allemands, ils n'en furent pas moins entraînés par l'évolution et surent briser le cercle fatal qui entravait leur avancement ; ils allèrent même en peu de temps jusqu'à l'excès opposé, puisque déjà, dès le Moyen Age, ils furent les propagateurs de l'Averroïsme qui représentait le plus haut degré de l'évolution et même de la révolution de la pensée et de l'athéisme ; les premiers, ils portèrent en Allemagne les germes du socialisme dont ils sont encore les plus grands propagateurs. Leur exclusivisme ne fût donc que temporaire, on dirait même que s'ils rétrogadent de quelque temps c'est pour mieux avancer et s'élever ensuite bien plus et plus loin que les autres.

Mais encore on ne peut invoquer comme raison suffisante de la haine antisémitique la différence de culte qui est allé toujours s'affaiblissant dans les temps modernes. Est-ce que le bouddhiste, le mahométan suscitent parmi nous une antipathie quelconque ?

Il nous faut, je crois, remonter pour cela à deux causes beaucoup plus influentes, toutes deux ataviques et par conséquent prépondérantes.

La première vient du secret plaisir qu'éprouve tout homme à se croire supérieur aux autres ; sentiment qui redouble naturellement en devenant national, parce qu'il paraît affranchi de toute vanité personnelle et s'exagère avec l'imitation.

Cette cause nous explique précisément la haine entre les Polonais et les Russes, quoique Slaves tous les deux, le vainqueur se complaisant à faire sentir sa domination au vaincu et finissant par se croire d'un autre sang ; il suffit pour le comprendre de lire ce que pense le Brahmane du Çoudra dont le contact même lui semble infamant ; et lire aussi ce qu'avant Gladstone écrivaient des Irlandais les savants anglais qui les considéraient comme imper- fectibles. Les méprisés réagissent naturellement, à leur tour, contre des sentiments aussi injustes, ainsi s'enveniment et s'accentuent les aversions.

La seconde cause se rattache à la « *stratification mnémonique* ». On en trouve un des germes dans la haine conçue par les Romains contre ce peuple qui osa leur résister, et qui avec le Christianisme prenait contre eux une véritable revanche politique. Ce sentiment de haine redoubla au moyen âge lorsque la caste cléricale restée maîtresse de l'esprit européen en fit un devoir et un rite.

« Il y a déjà de l'antisémitisme dans les émeutes des grandes villes de l'antiquité contre les juifs. A Rome, Antioche et Alexandrie, c'est à l'étranger plutôt qu'à la race, et surtout aux mœurs et aux coutumes différentes, bien plus qu'aux ennemis des vrais dieux que s'attaque la plèbe grecque et romaine. De même chez les écrivains classiques, M. le Professeur Von Treitschke a eu parmi les détracteurs des juifs d'illustres devanciers. Juvénal ou Tacite (1), quand ils s'en prennent au sabbat ou à la circoncision, s'inquiètent déjà de la « judaïsation » de la société antique. » (Leroy Beaulieu, *op. cit.*).

Mais ici intervint un autre élément qui pour être secret ne fut pas moins puissant : celui du Vatican et par la même raison du saint Synode ; ces fils du monde ancien, ennemis du progrès moderne voient dans l'Hébreu le représentant de la révolution, celui qui en obtint les meilleurs avantages, celui qui fut premier dans tous les mouvements rénovateurs et pour cela ils le haïssent ainsi que pour sa fidélité aux traditions auxquelles il est lié.

(1) Tacite, *Hist.* vol. V. Juvénal XIV, p. 100.

1.

L'Eglise romaine, devint, pendant la réaction dogmatique et théologique qui suivit la Réforme, l'unique autorité presque, qui persécuta systématiquement le judaïsme. Paul IV remit en vigueur les anciennes lois canoniques, il fit brûler les Marranes, et Pie V, après avoir publié sa Constitution contre les Juifs, les expulsa de ses Etats sauf de Rome et d'Ancône, pendant que les Espagnols, à mesure qu'ils pénétraient en Italie, les chassaient de Naples, de Gênes et de Milan.

« Si l'Eglise intervenait parfois en faveur des Juifs lorsqu'ils étaient en butte aux haines de la foule, elle entretenait cette haine et lui fournissait des aliments en combattant le judaïsme, bien qu'elle ne le combattît pas pour les mêmes motifs.

« Fidèle à ses principes, elle poursuivait l'esprit juif sous toutes ses formes. En cherchant à réaliser sa conception des Etats chrétiens dirigés et dominés par la papauté, l'Eglise tendit à réduire tous les éléments antichrétiens ; ainsi, elle inspira la réaction violente de l'Europe contre les Arabes et la lutte des nationalités européennes contre le mahométisme fut une lutte à la fois politique et religieuse.

« Mais le danger musulman était un danger extérieur, et les dangers intérieurs qui menaçaient le dogme parurent tout aussi graves à l'Eglise. A mesure quelle devint toute-puissante, qu'elle atteignit son maximum de catholicité, elle supporta plus

difficilement l'hérésie... Toutes ces mesures ecclé-
siastiques renforcèrent les sentiments antijuifs des
rois et des peuples, elles étaient des causes génératrices, elles entretinrent un état d'esprit spécial,
qu'accentuèrent pour les rois,des motifs politiques,
pour les peuples,des motifs sociaux.L'antijudaïsme
grâce à elle se généralisa, et nulle classe de la
société n'en fut exempte, car toutes les classes
étaient plus ou moins guidées par l'Eglise, ou ins-
pirées par ses doctrines ; toutes étaient ou se
croyaient lésées par les Juifs. Les nobles étaient
offensés par leur richesses ; les prolétaires, les
artisans et les paysans, en un mot le peuple, étaient
irrités par leurs usures. C'est l'Église qui incita les
rois à prendre contre eux des mesures restrictives,
qui leur imposa des signes distinctifs, la rouelle
et le chapeau, qui les enferma dans les ghettos.

« Non content de les vexer,de les expulser comme
firent Edouard I<sup>er</sup> en Angleterre (1287), Philippe
IV et Charles VI en France (1306 et 1394), Ferdinand le Catholique en Espagne (1492), on les mas-
sacra de toutes parts.

« Quand les croisés allaient délivrer le saint Sé-
pulcre, ils se préparaient à la guerre sainte par l'im-
molation des Juifs en holocauste à la divinité irri-
tée ; quand les exactions, la misère, la faim, le
dénuement affolaient le peuple, il se vengeait sur
les Juifs, qui donnaient des victimes expiatoires.
« A quoi bon aller combattre les musulmans, criait

Pierre de Cluny, puisque nous avons les Juifs parmi
nous, les Juifs pires que les Sarrazins ? »

« Que faire contre l'épidémie, sinon tuer les Juifs
qui conspirent avec les lépreux pour empoisonner
les fontaines ? Aussi, on les extermine à York, à
Londres, en Espagne à l'instigation de saint Vin-
cent Ferrer, en Italie où prêche Jean de Capistrano,
en Pologne, en Bohême, en France, en Moravie, en
Autriche. On en brûle à Strasbourg, à Mayence, à
Troyes ; en Espagne c'est par milliers que les Marranes montent sur le bûcher ; ailleurs on les éventre
à coups de fourche et de faux, on les assomme
comme des chiens » (Bernard-Lazare).

L'affaire Dreyfus nous a montré que le Vatican
ou au moins les Jésuites n'ont pas perdu de vue leur
ancien but, ne regardant pas aux armes pour tristes qu'elles fussent, même celles de l'antisémitisme
dont ils savaient rester des résidus dans le peuple,
pour reprendre la France dans leurs mains, pour y
faire un 89 à rebours après en avoir apprêté le terrain
dans les classes je ne dirais pas les plus éclairées,
mais les mieux habillées, avec les Diderot et les Vol-
taire à rebours que sont les Brunetière, les Proal,
etc. Il y a deux siècles ils auraient inventé les crimes
de sorcellerie et d'anthropophagie pascale ; dans
la France remuée par les émotions patriotiques ils
useront contre les Hébreux et les libéraux de l'arme
si efficace du patriotisme, la trahison.

La France, entrée une des dernières dans le mouvement antisémite. bien qu'elle ait semblé un

instant devoir en prendre la tête, offre un exemple frappant de la complexité des causes génératrices de cet état qu'on pourrait appeler psychopathique de l'antisémitisme épidémique.

Ces causes peuvent être ici ramenées à quelques groupes.

Il y a d'abord celle que nous venons de signaler comme commune à tant d'autre pays, à savoir la jalousie excitée par la richesse de quelques Juifs en vue.

Bien qu'au nombre de moins de 100.000 en France, ils occupent, en outre, une grande place dans les parlements, l'administration civile et l'armée où ils aspirent aux grades que leur intel-lectualité leur ouvre, d'où le *tolle* des jaloux évincés qui clament que la France est accaparée par eux ; ce sont là des causes d'*envie*.

Un autre ordre de causes tient aux krachs successifs de ces dernières années en France (Union Générale, Comptoir d'Escompte, Dépôts et Comptes courants, etc.). Enfin le krach national du Panama, avec les noms mis en vedette des Hertz, Reinach, Arton, a mis le comble à l'exaspération des myriades de petites gens englobés dans la catastrophe économique.

Toutes ces escroqueries de banques n'étaient pas, au fond, plus imputables aux Juifs qu'aux Chrétiens ; mais dans chacune d'elles se trouvaient mêlés quelques noms juifs, parce que les questions de finances sont leur élément d'action le plus

fréquent ; on a, dès lors, tout mis sur le dos de
ces Juifs, alors que des Chrétiens dix fois plus
nombreux eussent dû partager avec eux les res-
ponsabilités ; on en a fait les boucs émissaires courants.

La liberté de la presse ayant permis l'éclosion
d'un journalisme interlope, a servi aux fanatiques
adverses à ameuter sur eux la rancune publique,
car le cléricalisme des papistes et des jésuites ne
leur pardonnait pas leur adhésion en masse à la
libre pensée et l'appoint grâce auquel, suivant
eux, la franc-maçonnerie avait pu faire réussir
une laïcisation abhorrée. Les décrets de l'article
sept qui s'ensuivirent n'étaient que le développement de la maxime du tribun sémite Gambetta,
qui osa crier sus au cléricalisme. Aussi s'établit,
par réaction, une campagne contre les Juifs et se
trama la résistance obscurantiste qui aboutit à
l'éclat d'un procès truqué de haute trahison, où
l'on comptait faire exécuter en effigie tous le
sémitisme (1).

(1) Ces considérations étiologiques, tirées de ma méthode
anthropologique, viennent de recevoir une consécration inatten-
due par la plume d'un de mes plus irréductibles adversaires
sur le terrain anthropologique (Congrès de Bruxelles et
Genève). M. le sénateur J. Zakrewski, par une voie toute diffé-
rente y arrive et les développe en une série d'articles des
*Novosti*, 6,7 décembre 1898. Cet auteur ne saurait certes pas
être soupçonné d'envisager les choses à mon point de vue ;
son adhésion à mes conclusions est la meilleure démonstra-
tion de leur validité.

En Algérie, les poussées plus aiguës d'antisémitisme tirent en outre leurs causes des influences climatériques et de l'irritation latente de 3 millions de Musulmans irrités contre 50.000 Juifs que la loi Crémieux a favorisés (Crémieux autre sémite, envoyé de Gambetta). La répression sanglante du premier soulèvement consécutif (1871), a encore décuplé une haine qu'attisent la presse et l'agitation politique locale.

On voit donc par ces exemples qu'il ne faut pas s'étonner si l'Europe entière a pu se trouver unie dans une persécution qui, visant à la fois au plaisir de faire du mal et à troubler la jouissance des richesses acquises, fut considérée comme œuvre pie ; on comprend d'autre part que les traces d'une haine aussi féroce soient restées d'autant plus tenaces et actives, qu'elle était plus inconsciemment transmise aux descendants d'anciens persésécuteurs.

Qu'on ajoute à cela, en certain pays, l'isolement de l'habitation, le contraste des usages, de l'alimentation et du langage et la concurrence commerciale. Toutes ces causes fomentant les jalousies, et augmentant les disparités réelles ou apparentes rendaient l'avilissement des juifs désirable et utile aux particuliers, sinon au pays. Il y a enfin lieu de mettre en ligne de compte l'épidémie psychique qui diffuse et centuple les haines et les légendes.

# CHAPITRE II

On ne saurait nier que les persécutions dont furent l'objet les juifs, n'aient trouvé prise dans leur caractère même.

Ce n'est pas que l'intelligence et la finesse leur fissent défaut; au contraire : mais l'habitude continue de se consacrer depuis tant d'années au commerce, développa chez eux ces dehors de fourberie et de mensonge, ce peu d'énergie musculaire, commune à tous les commerçants ; le peuple trouvant ces facultés si prépondérantes chez eux, ne s'apercevait pas qu'elles étaient communes à ceux qui exerçaient la même profession et les croyaient propres aux seuls Juifs.

Il faut invoquer aussi la fréquence de la dégénérescence qui donna chez eux une grande quantité de génies, mais aussi de névropathes, de mégalomanes, d'ambitieux.

Chez la plupart d'entre eux, le besoin de vivre à part fut encore développé par l'usage ancien de demeurer ramassés dans de petites rues, dans des

*ghetti* particulièrement en Orient et en Russie ;
ajoutons enfin cette singulière habitude de conserver dans chaque pays, Espagne, Orient, leurs vieilles
coutumes et même l'habillement du moyen âge,
auxquels ils attribuaient une importance quasi religieuse, fait qui, nous le verrons, contraste tant
avec cet amour de l'innovation si développé chez
eux.

Ce conservatisme des formes se doubla d'un conservatisme religieux non seulement dans les grands
traits du culte, mais jusque dans les rites qui dé-
tonent avec notre époque. Comme il arrive toujours des religions qui s'altèrent à mesure qu'elles
vieillissent, la très ancienne religion judaïque laissa
croître sur ses belles lignes monothéistes, pour suppléer à leur simplicité trop grande, une foule de
petits rites auxquels les fidèles, et surtout les bi-
gots attachent plus d'importance qu'à tous les autres principes religieux.

Ainsi l'usage barbare de la circoncision, qui
comme l'a démontré Spencer n'est, qu'un rudiment
symbolique des sacrifices humains, les rites absur-
des des jeûnes pascaux, qui diffèrent de tous ceux
en usage chez les peuples ambiants, éveillent naturellement le ridicule et la défiance par l'importance exagérée que les orthodoxes y rattachent.

L'usage de s'attacher aux bras, à la tête, des
morceaux de cuir contenant quelques formules religieuses (Dieu est unique), remonte certainement
au temps où la parole écrite, encore à l'état naissant,

assumait près du plus grand nombre une importance étrange, une signification symbolique et mystique, qui donnait à une formule écrite le pouvoir
de faire des miracles. Aujourd'hui que tout le
monde, même le dernier des concierges, lit des
milliers de lignes en un jour dans les journaux, une
formule écrite, à laquelle on donne une interpré-
tation magique, fait rire, ou bien suscite l'idée de
ténébreux mystères.

Le pire est qu'ils poussent la chose encore plus
loin : ainsi, le véritable orthodoxe juif, heureusement rare, se montre dans ses tendances routinières
plus bizarre encore ; il va jusqu'à porter dans ses
habits religieux les restes de ces *quippu* ou bro-
deries mnémoniques en fils que portaient les
hommes primitifs, les Péruviens par exemple, avant
l'écriture idéographique et l'alphabet phonétique.
Ils vont même jusqu'à se servir des dents dans la
cruelle pratique de la circoncision où emploient
encore à cet usage les silex taillés de nos ancêtres
des cavernes.

Cette tendance conservatrice a poussé le juif à des
intolérances absolument barbares. Au xviiᵉ siècle,
les œuvres de Baruch Spinoza furent interdites par
la communauté israélite la plus cultivée du globe.
Moïse Mendelssohn, le véritable modèle de *Nathan
le Sage* voyait en plein xviiᵉ siècle son pentateuque
et ses psaumes allemands condamnés par les rab-
bins allemands et polonais. Mieux encore ! La
synagogue de Berlin condamnait les écrits en lan-

gue vulgaire et reniait un de ses membres pour
avoir lu un livre allemand. Lire un livre allemand
il y a un siècle était considéré par les juifs comme
un délit! (Leroy-Beaulieu).

« Si le juif a une intelligence supérieure, il a en
revanche peu de caractère ; ce qui a fortifié ou
affirmé l'une a souvent abaissé l'autre. C'est une
des races les plus obstinées de la terre, seuls les
persévérants et les énergiques ont pu lutter de pair
avec eux, aussi la race est-elle douée d'une ténacité étonnante, mais comme pour résister, elle a dû
prendre le masque de l'humilité, de cette souplesse
qui l'a rendue légendaire, il en est résulté une infériorité morale. Cette flexibilité de tout son être,
le juif n'a pu l'acquérir sans la payer. A force de
courber le dos il en a gardé le pli. Contraint de se
prêter à bien des accommodements, il lui a fallu
s'habituer à des compromis répugnants ; il est souvent devenu un servile adulateur, et dans la lutte
pour la vie a sacrifié à l'intérêt personnel ou à l'utilité, l'honneur et la conscience » (Leroy-Beaulieu).

Dans la suite le juif a complètement perdu quel-
ques-unes de ses grandes qualités historiques. Le
courage, le mépris de la vie étaient un des caractères saillants de cette robuste race, qui crut avoir
un Dieu de conquête et de destruction, et qui versa
des flots de son propre sang dans l'héroïque défense de Massad où le vainqueur romain vit —
spectacle nouveau même pour lui — une ville en-

tière se suicidant pour ne point survivre à la honte commune !

Or, l'extraordinaire rareté des suicides chez les juifs, et le peu d'hommes de guerre qu'ils ont fourni montre que le courage n'excelle plus chez eux comme jadis, laissant plutôt place à une timidité instinctive et à une peur énorme de la mort.

Une des causes de cette déchéance, comme de leur astuce et de leur duplicité vient (Leroy-Beaulieu) de ce qu'ils ont subi l'influence de la pauvreté héréditaire, de l'indigence qui sous un ciel inclément avilissent l'âme et le corps. Aujourd'hui encore en Russie, en Roumanie les lois hostiles s'accumulent contre eux, et ils ne peuvent vivre qu'à force de ruse, s'échappant astucieusement à travers les mailles de la loi qui les enserre. Entre les juifs et les chrétiens la partie n'est pas égale, et c'est ce qui les porte à duper (*Id.*).

« Le père de Salomon Maimon, le rabbin Josué,
« excitait ses fils à lutter de ruse : « Pas de force,
« leur répétait cet homme de sens, des stratagè-
« mes ». Les petits frères de Salomon lui avaient
« un jour dérobé adroitement des boutons de cu-
« lotte que le futur philosophe leur avait traîtreu-
« sement extorqués. Salomon se plaignait : « Pour-
« quoi te laisses-tu attraper ? lui répondit son
« père ; tâche d'être plus malin une autre fois ».

« Prenons, écrit Leroy, les plus honnêtes mé-
« tiers exercés par leurs pères : le colporteur, le
« maquignon, le cabaretier, le marchand de vieux

« habits ; prenons l'argentier du roi ou du sultan,
« le financier ou le fermier des taxes : ce ne sont
« pas là des professions qui élèvent l'âme ou anno-
« blissent le caractère.

« Fermier du fisc ou du seigneur, le juif res-
« semblait aux oiseaux qu'on dresse à chasser ou
« à pêcher pour le compte du maître. Il était
« l'agent héréditaire de toutes les oppressions et
« de toutes les exactions Traité sans pitié d'en
« haut il lui fallait être impitoyable avec ceux d'en
« bas, leur faire rendre tout ce qu'il pouvait ti-
« rer au profit de ceux qui ne voyaient en lui
« qu'une éponge à exprimer.

« Voici un exemple : le *facteur* de l'Est, le juif
« polonais. longtemps employé par l'Etat, par
« l'Eglise même pour faire rentrer les impôts,
« taxes, redevances, créances, rentes de toute
« sorte. Ce facteur à deux faces : c'est par profes-
« sion un homme à deux visages : l'un obséquieux
« et servile, éternellement souriant tourné vers le
« maître ; l'autre dur, hautain, railleur, tourné
« vers le paysan et le tenancier. C'est ainsi que le
« même juif est, tour à tour ou en même temps,
« humble et arrogant, qu'il a la voix basse et le
« verbe haut, selon l'homme à qui il parle » (Leroy Beaulieu).

La race juive n'est pas forte. Le juif, surtout celui des grands centres de l'Est est souvent petit,
grêle, il a l'air défait, misérable. Aucune race ne
présente aussi peu l'aspect de la force, et cepen-

dant peu offrent autant de résistance aux maladies : c'est qu'au moral et au physique elle présente
une sélection de deux mille ans ; la plus rigoureuse
et la plus douloureuse à laquelle race ait jamais
été soumise.

Tout ce qu'il y avait de trop faible chez elle fut
éliminé par la mort ou par le baptême, d'où son
incomparable force de résistance.

Enfin l'arrogance, naturelle peut être chez celui
qui a été longtemps opprimé, le besoin de trôner
sur les autres, de se faire valoir, ne serait-ce
qu'en faisant étalage de luxe et de joyaux de mauvais goût, tout cela a contribué encore à les rendre antipathiques aux cohabitants qui, par un sentiment naturel à l'homme ont vu d'un œil jaloux
le voisin en faire autant qu'eux.

Ajoutons à cela le tempérament haineux, la mo-
notonie du caractère, l'esprit peu amoureux de la
forme, peu artistique dans son culte, l'aspect mé-
lancolique et renfermé du juif que Tacite observait
déjà, et nous aurons les causes intrinsèques les plus
fréquentes des antipathies tant individuelles que
nationales qu'il soulève contre lui.

24

# CHAPITRE III

Mais comme justement l'observe Ferri (*Nuova Rassegua*, 1893) si ces causes expliquent l'antipathie latente depuis des siècles entre le juif et ses concitoyens, elles n'expliquent pas ces explosions de haine aiguë, épidémique qui ont fait de ce sentiment latent et sporadique, un sentiment collectif violent, une passion, une griserie momentanée presque générale qui poussèrent aux expulsions arbitraires, aux tueries sans prétexte jusqu'à en faire de tristes événements historiques qui révolutionnèrent et ensanglantèrent des pays entiers. Tels sont les massacres de 1096, 1146, 1306, 1321, 1541, 1559, 1576, 1614, 1623, 1628, 1653, qui éclatèrent sous le prétexte banal d'un enfant chrétien égorgé, d'un sermon méprisé, prétextes qui encore de nos jour ont un écho en Russie et en Allemagne.

On peut trouver une explication de ces tristes événements dans l'étude des phénomènes que l'expérimentation a mis aujourd'hui en lumière et qui nous apprend que les épidémies sont une exacer-

2

bation rapide et intense de germes que nous possédons en nous à l'état latent.

Ainsi, comme le note Héricourt, le choléra indien, n'est qu'un passage à l'état aigu du choléra nostras. Les microbes spécifiques paraissent identiques dans les deux, ou très peu différents ; mais dans le choléra asiatique, ils prennent une diffusion énorme, se multiplient à millions, et donnent des produits toxiques beaucoup plus virulents.

On sait également que les phénomènes de l'influenza se trouvent à l'état sporadique très légers dans la grippe commune. Le goitre épidémique assaillit parfois toute une caserne, tout un collège, surtout dans les pays où le goitre domine ; la scrofule n'est qu'une forme atténuée de la phtisie comme l'embarras gastrique pour la fièvre typhoïde. Toutes ces formes aiguës et épidémiques prennent origine dans des causes locales, (famines, pèlerinage de la Mecque, températures chaudes) et finissent par disparaître grâce précisément à leur propre diffusion, après avoir frappé ou plus ou moins vacciné toute la population. Il en arrive autant de l'antisémitisme.

Mais quelle cause a ravivé dans ces dernières années l'endémie latente ? Ferri observe avec justesse, qu'il faut l'attribuer aux manœuvres qu'ont suscitées dans un but politique, les gouvernements et les diverses sectes politiques. Bismarck qui voyait dans l'opposition un grand nombre de juifs (Lasker en tête), employa pour la réduire cette brutale et peu scrupuleuse politique qui lui permettait de résoudre par l'épée de Brennus, les questions qu'un grand homme d'État comme Cavour aurait résolues avec l'art délicat de la politique et avec l'éloquence. Il déchaîna contre les juifs les instincts populaires latents, pensant vaincre leur ténacité de la même façon qu'il combattait les catholiques par le cachot et la prison. Le peuple favorisé dans ses instincts les plus ataviques par un haut politicien, vint à la rescousse et le mouvement une fois commencé se déchaîna plus violent que ne l'aurait voulu même celui qui l'avait provoqué.

De même la Russie en suscitant les haines populaires contre les juifs, crut pouvoir étouffer les sympathies naissantes pour le nihilisme et distraire le peuple des réactions violentes qui devaient surgir des horribles famines que son gouvernement avait produites ; elle fut aidée en cela par ce fanatisme religieux dont semble imbu le Président du Saint-Synode, maître jadis du cœur du Czar.

« Après la mort d'Alexandre II, écrit Bernard-Lazare, la révolution fut plus que jamais l'hydre et le dragon épouvantable contre lequel il fallait protéger la Russie sainte. On pensa y arriver par un retour aux idées orthodoxes. Tout le mal, disait-on, vient de l'étranger, de l'hérétique.... On se précipita contre les Juifs, de même qu'on prit des mesures contre les catholiques, contre les luthériens, contre tous ceux qui n'étaient pas de race slave ou n'appartenaient pas à l'orthodoxie grecque. Toutefois la persécution fut plus active contre les

Juifs, car on n'avait pas à garder vis-à-vis d'eux les ménagements diplomatiques auxquels on était tenu vis-à-vis des catholiques, des luthériens ou des Allemands. On eut massacré les catholiques russes, l'Europe entière se fût levée ; ont put impunément tuer des Juifs ».

Abusant des préjugés et des haines religieuses (Ferri) qu'une longue hérédité a enracinées dans les masses populaires, et surtout dans les campagnes, la Russie a su faire une diversion au mouvement de protestation de la grande masse des miséreux contre la richesse exagérée du petit nombre en excitant les instincts populaires contre les « Tueurs du Christ » et les « monopoliseurs de la richesse publique ».

Ici comme en Allemagne (et c'était naturel chez un peuple moins civilisé), ces haines revêtirent une forme si aiguë, si épidémique, que non seulement elles se propagèrent dans les campagnes, mais gagnèrent même l'esprit de savants impartiaux, tels que Drill, Tarnowski, qui m'ont déclaré trouver toutes naturelles ces mesures que prenait le gouvernement. Les juifs de Russie, disent-ils, étant différents de ceux des autres parties du monde, méritaient leur sort. Et cependant, comme nous aurons occasion de le voir, ces juifs étaient utiles, et même nécessaires à leur pays ; ils formaient comme aujourd'hui en Roumanie, comme déjà chez nous au moyen âge cet premier échelon de la classe bourgeoise et industrielle qui manquait chez ce

peuple d'employés et de soldats, de nobles et de
cultivateurs.

Les peuples et les politiciens furent également
entraînés dans cette lutte par un autre mobile, par
un autre germe épidémique. Pour qui y réfléchit,
chaque période, chaque époque eut en Europe son
épidémie politique : en 89 c'étaient les *droits de
l'homme*, en 1815, *la légitimité,* en 59 *le nationalisme*, depuis 1880 environ s'est développé dans toute
l'Europe et peut-être par contrecoup dans l'Amérique du Nord, ce vent du protectionisme et d'inter-
nationalisme à rebours, qui pousse les différents
peuples à s'exclure l'un l'autre, à s'enclore dans
leurs propres confins, chacun cherchant la fortune
dans le dommage des autres, et ne pensant point,
tant est grand l'aveuglement des hommes d'Etat,
que cela se termine toujours par le dommage de
tous et de chacun en particulier. De là les barrières douanières, rehaussées de toutes parts, de là
les haines renouvelées des Français contre les Italiens, des Russes contre les Allemands, de l'Amérique contre les Chinois et les Italiens. L'australien
lui-même, fruit de la civilisation la plus moderne
songe à organiser et à préparer des décrets contre
l'étranger qu'il traite en ennemi et dont il a cependant un si grand besoin pour l'expansion de sa
colonisation. Tous en résumé en reviennent à l'antique *hostis-hostis* (étranger-ennemi).

Il est donc naturel que par sa divergence de race
avec les autres nations, le juif donne prise contre

2.

lui sous un prétexte patriotique et national à des sentiments hostiles tout comme ceux qu'éveillent les Allemands en Russie, les Anglais dans les colonies Portugaises et réciproquement.

Avec toutes ces influences qui contribuèrent à développer le mouvement antisémite, il faut faire une large place au sentiment religieux d'une part, et de l'autre au mouvement socialiste qui lui vient en aide, un peu pour favoriser les instincts populaires, (à l'instar des gouvernements) et un peu aussi par haine contre la richesse qu'il combat.

Et on s'explique ainsi que, tandis que l'antisémitisme latent et sporadique s'observe disséminé dans chaque pays d'Europe, l'antisémtisme épidémique et politique soit principalement développé dans des pays où le mouvement de réforme sociale et politique est le plus accentué (*socialisme* en Allemagne, *nihilisme* en Russie, *nationalisme* en Autriche) tandis que la propagande antisémite reste à l'état embryonnaire, et se débat dans le vide, dans les pays où le socialisme est le moins développé, comme en Italie et en France.

D'un autre côté, les pays chez lesquels l'antisémitisme politique s'est le plus développé, sont aussi ceux chez qui le sentiment religieux chrétien à encore une vitalité suffisante (Ferri).

Ajoutons à cela que tous ces phénomènes s'exacerbent, et comme dans les maladies, donnent lieu à des poussées aiguës dans les pays où, les juifs se trouvant plus nombreux (Russie, Roumanie, Alle-

magne), les germes du mal y sont en plus grand
nombre, et les occasions de contact plus fréquentes ;
et comme il arrive toujours dans ces sortes d'épidémies morales, les aliénés, surtout les mattoïdes,
attisent le feu plus encore que les chefs politiques.

Tous ces fous et demi-fous sont les propagan-
distes les plus efficaces, parce qu'à l'éloquence
étrange, enflammée, prime-sautière qui produit
toujours le plus d'impression sur le peuple, ils
joignent ce laisser-aller, ce mépris des usages du
monde et des habitudes plus ou moins convention-
nelles qui sont propres aux cerveaux équilibrés ;
et ainsi ils s'imposent à la masse par l'exagération
dans l'allure. On en trouve un exemple chez l'in-
génieur Paasch, auteur d'un opuscule qui fit tant
de bruit, « *Une ambassade judaïco-prussienne à
l'étranger* » et qui fut jugé comme fou à Berlin
dans ces dernières années.

Ahlvart, Morès, sont sans nul doute des fous ou
des mattoïdes qui, par leur énergique impulsivité,
grande mais absurde, et par leur fanatisme, sup-
pléent aux faits et à la logique ; et c'est précisément par cela qu'ils ont une action si puissante
sur les masses qui ne raisonnent pas, mais qui
sentent et se laissent entraîner par des hommes
plus passionnés et plus fanatiques.

Et, ainsi que je l'ai fait remarquer dans mon
« *Crime politique* » un grand nombre des plus
forcenés fanatiques, de ceux surtout qui appor-

tent leurs instincts cruels de criminels et leurs
tendances folles, au service de leurs exagérations
politiques de partis, sont des individus affectés de
véritables maladies mentales larvées : paralysie
générale, paranoïa (Marat en est un classique
exemple) ; et ces états trouvent encore des facteurs
aggravants dans la syphilis, l'alcoolisme, le
morphinisme, dans tous ces virus et poisons, en
un mot, qui favorisent les dégénérescences cérébrales ou spinales.

Et comme jai pu observer en Italie, par exemple,
dans les pays où on fait abus de l'alcool, dans les
Romagnes, les luttes politiques sont plus vives ;
de même dans les pays où règne la malaria, dans
les Calabres, à Pavie, Grosseto, où les partis
moyens font exception.

# CHAPITRE IV

PRÉTENDUS PRÉJUDICÉS QU'INVOQUE L'ANTISÉMITISME.
LE MÉLANGE DES RACES.

Qnelles qu'en soient les origines ou les causes, lorsqu'un parti comme l'antisémitisme s'élève et grandit, que dans l'esprit de beaucoup de personnes il a des bases sérieuses, il est du devoir de l'homme d'Etat de se demander : Ce parti a-t-il sa raison d'être ? N'a-t-il pas ses avantages ? Ne nous préserve-t-il pas d'une fusion dangereuse ? Ne nous met-il pas en garde nous autres purs aryens contre une union abâtardissante avec des sémites veules et lâches qui voudraient souiller notre race ? Ne tend-il pas à nous débarrasser de parasites qui se nourrissent de notre substance sans aucune compensation ?

Voyons d'abord l'opinion de la science moderne par la bouche des savants les plus autorisés des nations où l'antisémitisme bat son plein comme en Russie ou en Allemagne.

La thèse qui prévaut est, que le juif étant de

race sémite détruit la pureté de notre race et en
arrête le progrès.

« Le sémite, écrit Picard, n'est pas civilisateur
et il est impropre au progrès. S'il sait s'enrichir il
ne sait pas aller de l'avant. Lorsqu'il s'agite, son
agitation est stérile. L'arabie est restée pure de
tout contact étranger, qu'est-il sorti de sa pureté ?
L'immobilité. De même le Maroc, de même aussi
l'Espagne qui est restée en arrière de la civilisation parce qu'elle a gardé ses juifs et ses maures
et que son sang en porte les traces. Partout où en
Europe abonde le sang sémite, règne l'ignorance
et la corruption » (1).

Or cette accusation qu'on met en avant, ne résiste
pas à un examen scientifique sérieux, parce que
les juifs ne sont pas de purs sémites. Comme je l'ai
déjà signalé il n'y a pas en Europe de race supérieure qui ne soit très mélangée et qui même n'ait
trouvé la raison de sa supériorité dans le mélange.
(Voir *Delitto politico* 1ʳᵉ partie).

Où peut-on trouver de plus purs Aryens que les
Indous, ces éternels esclaves de tous ; et les Tziga-
nes ne sont-ils pas ultra-aryens bien qu'inférieurs
aux Arabes eux-mêmes ? La Sicile, la Calabre, ont-
elles perdu au mélange sémite ?

« Que resterait-il de la France, écrit Leroy-
« Beaulieu, s'il nous fallait faire preuve de sang
« gaulois, et prendre pour mot d'ordre avec je ne
« sais quel Breton : « La France aux Celtes » ?

(1) Picard, *Synthèse de l'antisémitisme*, Bruxelles, 1890.

« Au-dessous des couches des populations aryen-
« nes, celtes, latines, germaniques, on a reconnu
« dans notre Europe, des stratifications plus an-
« ciennes, que les alluvions indo-européennes sem-
« blent avoir simplement recouvertes. Les races
« fossiles, la race du Cro-Magnon ou celles de
« Néanderthal n'ont pas entièrement disparu de-
« vant les Aryas d'Asie. L'homme quaternaire
« compte encore des partisans parmi nous. Le
« français ou l'allemand qui se figure être de pur
« sang indo-germanique peut provenir de l'homme
« des cavernes. En réalité il n'y a peut-être pas
« aujourd'hui plus de « race aryenne » qu'il n'y a
« de « race latine » (*op. cit.*).

Mais bien mieux, l'accusation qu'on porte contre les juifs de gâter les races aryennes manque
également de tout fondement scientifique parce
qu'à l'heure actuelle ils sont plus aryens que sémites. Cela ressort très bien de belles recherches
qui ont été communiquées récemment par Luschan
au XXIXe congrès de la société d'Anthropologie
d'Allemagne (1). Il a démontré comment, des peuples qui se disent sémites sont loin d'être vraiment
de sang aryen, puisqu'il y entre des Phéniciens, des
Babyloniens aussi bien que des Assyriens, des
Abyssins et des Araméens. Or, parmi ces prétendus sémites, seuls les Bédouins ou Arabes du Sud
constituent une race sémitique pure, la seule qui

(1) *Situation anthropologique du juif*, Berlin, 1892.

ait conservé des antiques sémites le langage, la
dolicocéphalie, le teint bronzé, le nez court et petit (l'opposé de celui du juif par conséquent).

60.000 observations et mesures que cet auteur a
prises chez les juifs, lui ont donné des résultats très
divers. Ainsi il a constaté que 50 0/0 étaient fran-
chement brachycéphales 11 0/0 blonds, une forte
proportion à nez hébraïque pur, puis une très grande
variété de types mixtes, quant à la mesure de la
tête, à la couleur des yeux et des cheveux ; enfin
5 0/0 étaient nettement dolicocéphales. D'où on
peut conclure qu'il n'existe qu'une faible proportion de véritables sémites chez les Hébreux, tandis
que la grande masse appartient à des races tout
autres.

De 120.000 observations faites en Angleterre par
Jacobs, il résulte que les juifs présentent 21 0/0
d'yeux bleus, 29 0/0 de cheveux blonds. Les roux
y sont trois fois plus nombreux que chez les Russes
et les Autrichiens et deux fois plus que chez les
Allemands.

J'ai trouvé un résultat semblable dans les observations prises sur quelques centaines de juifs
vénitiens et piémontais (Appendice I).

Mais, se demande Luschan, d'où vient la brachycéphalie des Syriens et des Hébreux, d'où viennent
les nez arqués, d'où viennent les nombreux blonds ?

Pour commencer par les blonds, on pourrait pour
les Syriens penser aux croisés, et pour les juifs
blonds d'Europe à l'infiltration d'éléments aryens

due au passage continuel d'hommes blonds au judaïsme. Toutefois, bien que les conversions de chrétiens au judaïsme si souvent prohibées au moyen
âge n'aient pas été aussi rares qu'on pourrait le
croire, elles ne sont pas toutefois suffisantes pour
expliquer le 50 0/0 de brachycéphales ou le 29 0/0
de blonds chez les juifs Européens. On pourrait en
trouver une explication, dans le fait qu'en Syrie et
en Palestine il y a un certain nombre de juifs
blonds ; il faut alors songer aux Amorites dont on
parle si souvent dans la Bible, aux anciens fils
d'Enok qui étaient précisément un peuple blond
comme on le retrouve d'une façon indiscutable dans
les portraits que nous en ont laissé les anciens Egyptiens.

De même, il est hors de doute que les premiers
Amorites étaient une branche de ces peuples blonds,
dont les monuments mégalitiques se retrouvent sur
la côte septentrionale d'Afrique ; c'étaient sans
doute des Européens qui, séduits par les climats
chauds, s'étaient arrêtés sur les côtes d'Afrique.
C'est la même raison qui a provoqué plus tard tant
d'invasions germaniques qui inondèrent l'Italie.
Ces peuples blonds de la Méditerranée (que Brusch
a identifiés avec les descendants de Japet de la Bible ; avec les Tamehn des inscriptions et des monuments Egyptiens) et qui n'ont laissé des données historiques qu'à partir de la deuxième moitié du deuxième millésime av. J.-C., n'étaient pas encore ces
pionniers de la civilisation dont ils firent plus tard

3

éclore les germes sous le soleil de la Grèce. Ils nous
sont dépeints par les Egyptiens comme des blancs,
mais vivant à l'état sauvage, habillés de peaux, or-
nés de plumes, et on avait pour eux ce même mépris
qu'on a de nos jours pour les sauvages nègres. Ces
Tamehn étaient gens de notre sang et leur origine
n'était pas ignorée des Egyptiens eux-mêmes puisque le nom de *Tamehn* signifiait *peuples des pays
du nord*. Cela sert tout au moins à nous expliquer
l'existence de juifs blonds.

Mais comment s'expliquer la fréquente et quelquefois l'extrême brachycéphalie des juifs même
européens chez qui on trouve un indice céphalique
de 88 ? (Appendice I). Les résultats des recherches
faites par Luschan dans l'Asie-Mineure montrent
que les Grecs, les Turcs et les Arméniens y sont les
trois types prédominants.

Or, les Arméniens présentent une brachycéphalie
extraordinaire (c'est le peuple le plus brachycéphale
de la terre). Presque tous ont les yeux noirs, les
cheveux noirs et lisses, et précisément ce nez gros
et arqué, qu'on a l'habitude de désigner chez nous
comme hébraïque et pour lequel à l'avenir nous
ferons mieux d'adopter la qualification d'arménien.

Ces caractères se retrouvent aussi chez les Grecs,
et les Turcs de l'Asie Mineure dont la religion et la
langue diffèrent, ce qui démontre qu'ils sont le
reste d'une population homogène primitive, une
population *arménoïde* qui correspond à cette population *anaryenne, prégrecque* dont les recherches

linguistiques de Hommel et Paoli ont fait supposer l'existence plus ou moins certaine.

Les recherches et les mensurations faites en Syrie nous apprennent que là aussi, à côté des blonds et de nombreux types indubitablement sémitiques, il existe une forte majorité de types bruns à tête haute, ultra-brachicéphale et qui sont presque uniformément répartis dans les villes comme dans les campagnes, en montagne et en plaine, parmi les Druses et les Maronites, parmi les Mahométans et les Syriens orthodoxes. Sans aucun doute ils ont des rapports d'identité avec ces petits brachycéphales de l'Asie-Mineure et par suite avec les *Alarudes* d'Hommel ; historiquement ils se rattachent au grand peuple civilisé des Hittites.

Ces Hittites florissaient dans la Syrie et l'Asie-Mineure vers deux mille av. J.-C. et depuis longtemps nous les connaissons par les documents que nous en ont fourni les Egyptiens, les annales assyriennes ainsi que la Bible.

On leur attribue un grand nombre de sculptures originales qui ont été retrouvées entre Smyrne et l'Euphrate supérieur dans le Taurus et dans l'Amanus ; en outre dans ces dernières années l'histoire de ce peuple a commencé à être mise à jour par les fouilles entreprises aux environs de Sendscorli. Or, parmi ces sculptures on voit des hommes ayant tous les caractères de races Arménoïdes et qui sembleraient les produits des races présémitiques.

Cela confirme l'idée que les brachicéphales juifs

dérivent des Hittites qui étant de véritables aryens avaient une civilisation très avancée ; déjà dans les temps anciens ces peuples avaient des chants épiques, bien avant l'époque d'Homère, ils possédaient un système complet d'écriture cunéiforme et érigeaient des palais grandioses avec sculptures artistiques qu'on peut encore admirer aujourd'hui ; et cela, à une époque où les Italiotes habitaient encore des cavernes ou des souterrains et commençaient seulement à tailler avec des silex, de grossiers instruments.

Il y a donc prédominance aryenne certaine chez les juifs antiques, sans compter les nombreux mélanges qui se sont faits dans la suite.

En effet, Josèphe rapporte qu'un grand nombre de grecs faisaient partie de la communauté judaïque d'Alexandrie (1). Un grand nombre d'israélites de Cyrène, d'Antioche, de Palmire, les trois grands centres judaïques orientaux étaient par leur origine de sang grec ou gréco-égyptien.

Aux Hébreux hellénisant se mêlaient encore les Hellènes hébraïsants, et chose beaucoup moins connue, un phénomène semblable se passait à Rome même. Juvénal, dans son fameux passage de la XIV<sup>e</sup> satyre établit une distinction entre les prosélytes et les convertis passés entièrement au judaïsme ; il nous montre les pères se contentant d'observer le sabbat, et de s'abstenir de porc, puis les

_____

(1) Tacite dit de même.

fils exagérant le zèle paternel en venir finalement
à la circoncision. (*mox et præputium pareunt*).

« Pendant la captivité de Babylone, dit Maïmonide (1), les Israélites se mêlant à toutes sortes de
races étrangères, eurent des enfants qui grâce à
ces alliances, formèrent une sorte de nouvelle con-
fusion des langues », et cependant, cette Babylonie,
dans laquelle il existait des villes comme Mahuza,
presque entièrement peuplée de Perses convertis
au judaïsme, était considérée comme contenant des
Juifs de plus pure race que les Juifs de Palestine.
« Pour la pureté de la race, disait un vieux proverbe, la différence entre les Juifs des provinces
romaines et ceux de la Judée est aussi sensible que
la différence entre une pâte de médiocre qualité et
une pâte de fleur de farine ; mais la Judée elle-
même est comme une pâte médiocre, par rapport
à la Babylonie » (Bernard-Lazare).

Dans l'an 620, les Juifs émigrés de Babylone
convertirent une peuplade entière : les Khazars ;
au XIIᵉ siècle, ils convertirent plusieurs peuples
Tartares du Caucase.

L'interdiction si fréquemment renouvelée au Vᵉ
siècle d'épouser des femmes étrangères nous prouve
combien de semblables unions étaient devenues
fréquentes.

Le livre de Ruth (la Moabite) en est une preuve ;
certains historiens, certains exégètes ont même

----

(1) Maïmonide ; *Yad Hazaka* (la Main puissante), 1ᵉʳ partie, chap. 1ᵉʳ, art. IV.

soutenu que cette idylle patriarchale était un plaidoyer contre les rigoristes, en faveur des femmes étrangères.

En résumé, l'antagonisme ethnique s'évanouit à la lumière de la craniologie qui nous prouve que le juif est plus aryen que sémite. Sur cette large base aryenne vinrent se combiner pour former la race hébraïque, le mélange ethnique, si avantageux comme nous le verrons, à l'humanité, et la variation climatique plus utile encore. Cela explique comment, malgré de si nombreuses causes d'infériorité, grâce à ces circonstances spéciales (y compris la richesse de sang sémite, certaine du moins pour un vingtième), les juifs se soient sitôt adaptés aux usages aryens, se soient si vite assimilés à l'intelligence aryenne, et l'aient même dans quelques cas surpassée. Cela explique enfin comment, tout en conservant un caractère particulier, résultat forcé de mariages consanguins, et d'une vie homogène et constamment à l'écart, ils se soient si rapidement assimilés aux populations aryennes au milieu desquelles ils vivaient (Voir chap. V).

# CHAPITRE V

On s'explique d'après ce qui précède que le type blond, par exemple, se retrouve si rarement chez les juifs méridionaux, et si fréquemment, au contraire (jusqu'à 20 0/0) dans les pays du nord. Ainsi en Angleterre le juif présente justement ces cheveux lisses, très fins, blonds, ce front élevé, cet œil bleu, qui est le propre du pur britannique. De même on s'explique au Piémont la présence de juifs à crâne rond et à cheveux blonds ; à crâne carré et oblong au contraire, et à cheveux noirs dans la Venetie (1). Les juifs de l'oasis du Varagh au 32° latitude Sud ont la peau des noirs et le profil des blancs ; en Abyssinie ils ont le nez écrasé, les grosses lèvres, le prognatisme et même la chevelure laineuse des nègres avec une peau claire presque semblable à la nôtre (2). C'est qu'ils subissent l'action climatique et ethnique de chaque région.

(1) Voir Appendice I.
(2) Bocca, *Bulletin de la Société d'Antropologie*, 1869.

Presque tous les statisticiens d'Europe répètent en chœur que les juifs offrent un plus grand nombre de sujets masculins et une mortalité inférieure aux chrétiens du même pays, par exemple en Allemagne, en France et en Hongrie (1).

Mais une étude attentive que j'ai faite sur les juifs de Vérone, m'a démontré que cette différence était très minime et venait surtout de ce que les statisticiens, auraient dû auparavant prendre une population industrielle, qu'ils auraient comparée à une partie aisée de la population catholique. Cela vient également de ce qu'ils n'ont pas tenu compte de l'élimination des juifs illégitimes allant se perdre dans les rangs du catholicisme, ni de l'augmentation apparente de la mortalité, mise tout entière sur le compte de la population catholique, dans les *Brefotrophes* (crèches) et dans les Hôpitaux.

C'est par la même raison, et par le petit nombre apparent d'enfants juifs illégitimes qu'on s'explique l'excédent de juifs mâles en Prusse et en France (120 0/0).

« On a remarqué, que les différences « biologiques » entre juifs et chrétiens vont en « diminuant, à mesure qu'on avance de l'Est à « l'Ouest, — des pays où les juifs vivent isolés, « aux contrées où ils se mêlent aux autres habi-

___

(1) En Prusse 113 hommes pour 100 femmes, en Livonie 120 (Borboye, *Edinb. forn. of science* 1825). En Prusse 1 décès sur 34 chrétiens, 1 sur 40 juifs, etc.

« tants. De même en Amérique les rédacteurs du
« *Census Bulletin* font observer que plus se pro-
« longe le séjour des juifs en Amérique, et plus
« le taux moyen des décès et des naissances tend,
« chez eux, à se rapprocher de la moyenne géné-
« rale des Etats-Unis. En d'autres termes, de cha-
« que côté de l'Atlantique, les particularités qui
« distinguent le juif tendent à s'atténuer avec
« l'assimilation des juifs à la population environ-
« nante. Plus ils prennent les mœurs et les coutu-
« mes des *goïm*, moins ils s'en distinguent, dans
« leur corps et dans leur âme. Ils se feraient tous
« baptiser que, au bout de deux ou trois généra-
« tions le statisticien ne découvrirait chez eux rien
« de singulier. » (Leroy-Beaulieu, *Israël chez les
nations*, page 183).

Les juifs sont en général de plus petite taille que
leurs citoyens : mais, comme l'observe Jacobs, cela
tient au séjour dans les villes, et nous ajouterons
dans des ruelles étroites et sales. C'est ce mode
d'habitat, une vie plus riche et tranquille, et le
moindre penchant à l'alcoolisme qui expliquent
aussi leur moindre mortalité pour les enfants de
trois à cinq ans ; et de même ils expliquent qu'il y
ait moins de suicides, qu'ils soient moins exposés
aux maladies contagieuses, et jusqu'à un certain
point qu'ils offrent un plus petit nombre de délits.

« Dans tous les états, (écrit Leroy Beaulieu) les

(1) Voir Appendice II.

3.

« fils de Jacob ont ressenti l'action des gentils,
« prenant la langue, les usages, le costume de
« leurs voisins chrétiens, si bien qu'après des siè-
« cles d'exil ils gardent souvent encore l'empreinte
« des pays habités par leurs pères. Cela est vrai
« des Israélites du Nord comme de ceux du Midi,
« des juifs allemands aussi bien que des juifs por-
« tugais. D'où vient en effet cette distinction des
« Askénazim et des Séphardim, cette sorte de
« schisme historique qui a coupé Israël en deux
« tronçons inégaux? C'est une distinction toute
« nationale, toute géographique ; elle est plutôt
« aryenne que sémitique ; elle a pour unique ori-
« gine la marque imprimée par les nations sur les
« neveux d'abraham. Juifs allemands et juifs espa-
« gnols, Askénazim et Séphardim, étaient si bien
« devenus les enfants du pays où les avait jetés la
« dispersion que, lorsqu'après une séparation d'un
« millier d'années, ils se sont rencontrés sur les
« étapes d'un nouvel exode, ces frères séparés ont
« eu peine à se reconnaître » (Leroy, *op. cit.*
p. 353).

Cette division correspond aux différences éthni-
ques : selon Neubauer, « Les juifs *Allemands*, (Askénazim) ont une grande bouche, un gros nez, les
cheveux crépus ; les *Espagnols* (Séphardim) ont le
corps élancé, le nez mince et allongé, les yeux
grands et beaux ». L'auteur exagère peut-être,
mais la différence des types de chaque pays est
certainement fort grande.

« Dans presque tous les génies juifs d'Allema-
« gne, dans Heine et Börne comme dans Lassalle
« et Karl Marx, les deux demi-dieux du socialisme,
« on sent l'éducation allemande, le fond allemand,
« le substratum germanique » (Leroy-Beaulieu).

« S'il est resté dans leurs veines un *virus* secret,
« il n'est ni tout hébreu ni tout français (id).

« A l'Est comme à l'Ouest les Juifs qui se sont
« fait de la plume une arme de guerre ont été en-
« rôlés par les partis de leur pays et se sont mis
« au service de l'esprit dominant de leur temps
« (id). »

Leur peu d'affinité pour les arts plastiques était
chez eux comme chez tous les sémites tellement
invétérée qu'elle est restée gravée dans les sévères
lois iconoclastiques de la Bible.

Toutefois on ne peut nier que certains juifs
n'aient essayé de réagir contre ces tendances anciennes ; déjà on commence à voir parmi eux, des
peintres, des sculpteurs et chose plus singulière
des incrédules et même des prodigues.

En général on peut dire que les aptitudes des
juifs sont toujours parallèles avec celles préva-
lant dans les pays où ils résidaient ; analyti-
ques en Allemagne, superstitieux en Pologne,
beaux parleurs dans la Vénétie, parcimonieux
et peu communicatifs dans le Piémont. Acosta et
Spinoza les deux juifs qui battirent le plus en brè-
che, les préjugés et les croyances juives naquirent
précisément en Hollande, pays qui donna égale-

ment naissance dans le monde chrétien aux plus tenaces adversaires de l'orthodoxie catholique.

« En somme (écrit Leroy) le juif nous est sou-« vent plus proche parent que le fier Magyar ou « le dédaigneux Moscovite. »

Cette tendance à l'assimilation s'observe jusqu'en Russie, comme l'avait remarqué Novicov (*La lutte des Races*).

« L'intolérance contre les juifs, a été un des plus grands obstacles à leur fusion. Dans certains pays comme en Russie où les Israélites avaient commencé à s'assimiler, ils manifestaient des sentiments patriotiques, ils abandonnaient la synagogue et devenaient indifférents en matière religieuse.

« Mais depuis, l'intolérance les privant de leurs droits civils et politiques, les vexations continuelles les ont fait rentrer dans leurs communautés. De nouveau persécutés, ils retournent à la synagogue redevenue leur refuge, ils se marient davantage entre eux ; il y a peu de temps encore nombre d'israélites se faisaient chrétiens ; aujourd'hui tous ceux qui se respectent ne le font plus.

« Combien de fois n'avons-nous pas entendu dire : Si on persécute les juifs c'est qu'ils sont inassimilables, jamais un juif ne deviendra russe ni allemand. Mais personne ne paraît se demander pourquoi un homme s'assimile à son milieu ambiant. Tout individu finit toujours par s'adapter au milieu dans lequel il vit lorsqu'il y trouve son avantage. Or, le

juif comme tout autre homme, préfère la richesse
à la misère, l'honneur à l'opprobre, et la gloire à
la médiocrité. Cette prétention que les juifs ne peuvent s'assimiler est une abstraction pure. »

Et toutes ces différences s'expliquent facilement.

Faites rester pendant des siècles, observent
Jacobs et Mantegazza, deux familles européennes
dans une ville, presque dans une prison, soumises
aux mêmes habitudes et vous verrez combien elles
différeront à la longue de leurs autres concitoyens,
comme elles prendront des allures semblables et
qui leur seront propres tout comme les prennent
les nobles, les prêtres et les militaires.

Chez les juifs, la différence est d'autant plus ac-
centuée que l'action s'est plus prolongée. Arrivons
aux caractères moraux.

On retrouve mentionnés dans l'histoire antique
du juif plusieurs de ses vices et de ses qualités.
Ainsi : la ténacité poussée à l'obstination, un amour
très vif de la patrie dont ils donnèrent d'héroïques
preuves tant aux époques reculées que de nos jours ;
à côté de ces qualités, l'avarice, l'avidité de l'or,
les préjugés religieux, la foi exagérée dans les traditions même les plus étranges, l'esprit de corps,
l'astuce et la finesse. C'est grâce à ces dons variés
qu'ils ont pu tenir dans le monde une telle place.

Cet ardent nationalisme dont ils héritèrent des
anciens, ces singulières tendances conservatrices
dont nous avons déjà constaté les preuves, nous
expliquent, comment une fois enracinés dans un

pays, même ennemi, ils en ont conservé les usages,
les coutumes plus que le pays lui-même ; preuve
de leur profonde assimilation.

Demandez, a dit un voyageur, (*Rev. des deux
mondes* 1872) à un juif de Constantinople de quel
pays il est ; il vous répondra : « mais je suis Espa-
gnol » — et cependant il est exilé d'Espagne depuis
cinq ou six siècles.

L'Espagne fut d'abord pour eux une terre pro-
mise, ils en adoptèrent la langue et maintinrent
fidèlement dans leurs exodes le mâle idiome de leur
*cruelle patrie* comme l'a dit un fils des « Maranes »
Don Miguel de Barrios.

En Hollande où ils avaient trouvé appui, les co-
religionnaires de Spinoza se plaisaient encore à la
fin du xixe siècle à cultiver leur antique dialecte
castillan qu'ils écrivaient en vers et en prose.

A Damas, par exemple, les Hébreux portaient
autrefois le turban ; depuis, au cours de leurs émigrations ils l'ont conservé dans les différentes régions de l'Islam où ils ont séjourné, et s'ils le portent d'une autre couleur c'est de leur propre
volonté.

Tout le monde connaît la longue lévite, la chevelure du juif polonais que nous nous représentons
comme le costume classique des juifs. Nous sommes enclins à les envisager ainsi dans le passé, eh
bien c'est à tort ; c'est le vêtement du polonais de
l'Est qu'ils ont conservé.

Cette opiniâtreté à conserver les coutumes de

leur patrie adoptive, nous explique pourquoi ils la défendirent si héroïquement, et ceci devrait suffire à dissiper les défiances qu'on a fait naître à ce sujet.

En Pologne où ils sont si méprisés et si honnis, nombre de juifs se battirent héroïquement contre les oppresseurs de la patrie commune.

En Italie, huit juifs se trouvaient dans l'expédition des mille ; et cependant ils ne représentent qu'un millième de la population. L'histoire enfin nous a transmis le souvenir de leur défense de Naples sous Bélisaire et des Pyrénées contre les Francs.

# CHAPITRE VI

## DES MÉLANGES DE RACE

Les objections des antisémites, basées sur l'anthropologie sont également erronées, car si la race européenne avait pu se conserver pure, elle en aurait justement ressenti le préjudice.

Bismarck ce politicien qui usa si habilement de la duplicité en politique, avoua un jour dans son langage demi-soldatesque que pour faire une bonne race allemande il fallait « accoupler l'étalon germanique avec la jument sémite. »

Comme je l'ai en effet démontré dans le *Crime politique* page 107, la greffe d'une race sur une autre produit toujours les résultats les plus favorables. C'est un phénomène qui concorde avec la loi découverte par Darwin dans le monde végétal *que la fertilisation même chez les plantes hermaphrodites doit être croisée* et avec la loi de Romanes, *que le point de départ de toute évolution est dans la variation spontanée.*

Nous en avons un exemple dans l'antiquité chez

les Ioniens qui, tout en étant voisins des Doriens, ont été révolutionnaires et ont donné les plus grands génies de la Grèce, parce qu'ils furent mêlés de bonne heure aux Lydiens et aux Perses dans leurs colonies de l'Asie mineure et qu'ainsi ils subirent un double changement de race et de climat.

La première et peut-être la plus grande découverte de l'homme, l'alphabet, est due à la greffe sémito-égyptienne, aux Hiksos ou prêtres sémites, qui poussés par la nécessité de transcrire les mots sémites en égyptien furent conduits au phonétisme, c'est-à-dire à faire un choix des signes hiéroglyphiques en ne leur laissant que le caractère principal, le son. (Rouget, *Origines égyptiennes de l'alphabet phénicien*, 1859 « *Académie des inscriptions* ».

Plus tard les mêmes sémites, Juifs et Phéniciens, peuples marchands en contact constant avec l'Egypte, pressés pour prendre leurs notes et consigner leurs trafics, non seulement modifièrent les signes Égyptiens, mais les abrégèrent au point d'en faire une sorte de sténographie qu'on appela écriture démotique ou populaire par opposition aux écritures cursive, hiératique ou sacerdotale précitées.

« Quelquefois, dit Saffrey (1), on plaçait sur un monument la même inscription dans les trois genres d'écriture ; on y ajoutait même la traduc-

(1) Saffrey, *Histoire de l'homme*, Paris, 1881.

tion en grec, et c'est à cela que nous devons d'en
avoir trouvé la clef et de lire couramment ces caractères bizarres ».

Les Phéniciens et les Juifs, grands commerçants et navigateurs, en gens pratiques, appli-
quaient le proverbe : « Le temps est de l'argent ».
L'écriture égyptienne leur semblait trop lente
pour les affaires : ils tranchèrent dans le vif pour
se créer un système plus expéditif. Prenant pour
base l'écriture hiératique, ils supprimèrent tous
les signes représentant une idée ou une syllabe
complète et gardèrent seulement ceux qui repré-
sentaient un son, une émission simple de la voix,
en un mot une *lettre*, et comme, dans leur langue,
il n'y avait que vingt-deux sons, leur choix se
borna à vingt-deux signes, dont ils eurent soin de
simplifier la forme pour les écrire plus rapidement ; cette révolution dans l'écriture créait l'*alphabet*. Les voyelles n'y figuraient pas, parce que,
dans leur langue, on les prononçait à peine, et
qu'il était facile de les suppléer à la lecture.

Les peuples sémites des côtes de Palestine et
de Judée étendirent rapidement leurs relations
commerciales à tout le monde connu, et partout
ils communiquaient aux peuples ce bienfait de
l'écriture, dont ils avaient singulièrement augmenté la valeur : ils l'enseignèrent notamment en
Asie aux Hindous, et aux Grecs, voisins de l'Asie
qui les premiers, en Europe, participèrent à la
civilisation.

Les Grecs acceptèrent tout fait l'alphabet phénicien et ajoutèrent seulement quelques lettres pour
représenter les sons spéciaux de leur langue. Ils
conservèrent aussi le nom des lettres. Ainsi les
Sémites nommaient la première *aleph*, « tête de
bœuf », parce que dans le principe, pour représenter le son A, on avait esquissé une tête de
bœuf avec deux cornes; la seconde s'appelait *beth*,
« maison », parce qu'avant sa simplification elle
figuraient le profil d'une maison avec son toit. Ces
noms *aleph*, *beth*, et que les Grecs prononçaient
*alpha*, *bêta*, n'avaient plus dans leur langue aucune signification ; mais la routine en consacra
l'usage, de sorte que, pour dire étudier « ses lettres » ou « son A B C », on disait « étudier son
*alpha bêta* », d'où nous avons fait, également par
routine, le mot *alphabet* (Saffrey, *l. c.*).

Comme les voyelles jouaient un grand rôle dans
la langue des Grecs, ils ne les supprimèrent pas
dans l'écriture, comme les Phéniciens et les Juifs.
Ceux-ci écrivaient de droite à gauche, au moyen
d'un roseau taillé en pointe à peu près comme nos
plumes ; il arrivait souvent qu'en revenant vers la
gauche, la main effleurait les caractères encore
frais de la ligne précédente. Pour parer à cet
inconvénient, les Grecs imaginèrent, ce qui était
bien simple, d'écrire de gauche à droite. Mais
par un effet inconscient et purement mécanique,
en renversant la direction des lignes, ils furent
amenés à renverser la forme de presque toutes

les lettres. Quand ils écrivaient de gauche à droite, les trois traits de l'E, par exemple, étaient dirigés vers la gauche (ꓱ); une fois la marche renversée, il les tournèrent vers la droite (E), ce qui donna à l'alphabet la physionomie nouvelle que l'on sait (*ibid.*)

Voilà comment cet alphabet devint européen par la greffe sémito-grecque.

Les Doriens, restés indemnes de tout mélange, conservèrent un caractère rude, entier, belliqueux, tenace dans ses coutumes (*Revue d'anthropologie*, Paris 1888).

Les Japonais, qui par leur origine étaient inférieurs aux Chinois, dont ils n'ont ni le génie commercial et financier, ni la dévorante activité, se montrent de nos jours beaucoup plus aptes à toute évolution et révolution, parce qu'ils ont emprunté aux Européens le costume, les instruments de travail, les moyens de locomotion, les universités et jusqu'à la forme de gouvernement (1).

Ce grand changement tient sans nul doute au mélange avec les races malaises, tandis que les Chinois, bien qu'appartenant à une race jaune supérieure sont restés bien plus purs de tout mélange.

Chez les Polonais la greffe germanique rendue plus vivace parce qu'elle eût lieu dans une nation naissante, explique le rapide développement intellectuel qui prit chez ce peuple de si vastes propor-

(1) Lanessan. — *L'évolution des peuples de l'Extrême-Orient*, 1888.

tions, au milieu des autres populations slaves, encore dans l'ignorance, et alors même que ces allemands, qui leur apportaient les premiers germes de civilisation, étaient eux-mêmes à peine civilisés (1).

Toutes les villes de la Pologne surgirent en effet de l'émigration tudesque qui fonda de nombreuses colonies dans les territoires dépeuplés et incultes, y apportant des statuts municipaux, auxquels les Polonais tout d'abord restèrent étrangers. (Hitchmann. Geschichte der Politische Literatur 1885).

De même aujourd'hui l'introduction en Russie d'éléments sémites et allemands, y apporta et même y accéléra la diffusion des idées socialistes et positivistes.

L'Angleterre qui tient le premier rang dans l'échelle de l'évolution parmi les nations européennes, et qui a fourni les trois plus grands génies de notre époque, est née d'un mélange de Celtes, de Germains et de Latins ; l'Irlande au contraire, chez qui le mélange a été moindre a bien donné des rebelles mais aucun génie.

En France, la Franche-Comté grâce à un apport de sang germanique a donné un grand nombre de novateurs et de génies comme aujour-

(1) La greffe germanique semble s'être produite, elle aussi, à des époques préhistoriques. Dans les sépultures préhistoriques de la Pologne et de la Prusse, comme en Volinie, on trouve des crânes dolichocéphales orthognates avec des caractères germaniques (*Dict. d'anthropologie*).

d'hui l'Istrie et Trieste par le mélange de sang italien, slave et allemand.

Au contraire dans quelques cas où l'étude des mensurations crâniennes nous a permis de constater l'uniformité à peu près complète des types, comme en Abyssinie et en Sardaigne où tous les crânes se ressemblent, soit qu'aucune variété de forme ne s'y soit jamais présentée, ou que toutes se soient fondues dans un même type ethnique, eh bien, les peuples de ce pays présentent une intelligence inférieure à ceux des pays à formes mêlées.

C'est pourquoi les Sardes sont infiniment inférieurs aux Siciliens ; ils n'ont eu et n'eurent jamais un seul homme de génie.

Lorsque Picard soutient que l'Espagne n'est restée aussi en arrière que parce qu'elle ne s'est pas suffisamment épurée de sémites, il semble avoir oublié quelles sanglantes hécatombes au contraire elle a faites dans ce but. Je me demande ce que pourrait faire de plus un pays qui les a détruits et chassés par milliers.

Ne pourrait-on pas justement retourner cet exemple contre la thèse qu'il soutient, puisqu'à force de persécutions et de massacres, l'Espagne s'est justement trouvée beaucoup plus épurée que les autres races d'Europe, mais en même temps plus stérile ?

De même on peut affirmer que la Sicile, si mêlée de sang normand, grec et surtout sémite et qui en conserve encore en bloc les traces dans son dialecte, dans son architecture, dans ses coutumes etc, est de toutes les régions d'Italie, contrairement à ce que pense Picard celle qui offre la plus grande aptitude au progrès. Toutes les idées nouvelles, socialisme (Anthropologie criminelle), etc., y ont rapidement pris racine, tandis que le reste de l'Italie possède à peine une notion de ces idées nouvelles qu'elle ne comprend pas ou tourne en ridicule ; il est d'ailleurs de notoriété que les génies siciliens ont abondé et abondent encore de nos jours. (Sergi, Crispi, La Farina, Pitri, Amari, Puglia, Paternó, Camizzaro, Verga, Capuana) dans les lettres, dans les sciences et dans la politique.

# CHAPITRE VII

## GÉNIES ET NOVATEURS JUIFS

La race juive a-t-elle été utile au progrès? Picard, nous l'avons vu, les accuse de stérilité puisque d'après lui, partout où il a passé, le Sémite s'est montré impropre au progrès :

« Lorsqu'il se remue son agitation est stérile ; il sait s'enrichir, mais ne sait pas aller de l'avant. Ainsi l'Arabie et le Maroc dont la race est Sémite sont restés stationnaires » (1).

« Les peuples qu'on appelle Sémites dit Renan, manquent de cette envergure d'esprit, de cette variété dans les conceptions, qui constituent les conditions de la perfectibilité ». « Cela peut être vrai des Arabes, répond Leroy-Beaulieu » en dépit des écoles de Bagdad et de Cordoue ; cela peut l'être des anciens hébreux ; mais est-ce vrai des Juifs modernes élevés et grandis à notre contact? S'il y a une différence entre l'Européen et l'Asiatique, entre les Occidentaux et l'Oriental, (différence de

_____

(1) Picard, *Synthèse de l'Antisémitisme*, 1851.

date relativement récente, du reste), « et qui ne me
« semble pas tenir à la race, c'est bien l'idée du
« progrès, cette notion moderne de la perfectibi-
« lité, devenue autour de nous comme une foi
« aveugle à laquelle croient superstitieusement
« savants et ignorants ».

Les Juifs se sont trouvés plusieurs fois à la tête
du mouvement moderne des nations européennes,
et ils ont même donné un nombre de génies relativement supérieurs (ce qui comme je l'ai démontré dans mon « *Crime Politique* », indique déjà,
en l'espèce, une tendance au révolutionnarisme).

C'est ainsi qu'excellèrent Abrabanel et Disraëli
dans la politique, Spinoza dans la Dialectique,
Heine dans le pamphlet, Yung, Weil etc, dans le
journalisme, Meyerbeer, Halévy dans la musique ;
Schiff, Valentin, Kohnheim, Traube, Frankel sont
d'origine juive.

En somme, relativement à leurs concitoyens non
sémites, les Juifs ont fourni une proportion au
moins égale sinon plus grande de talents produc-
teurs, et chose à noter, se sont signalés même
dans les sciences auxquelles la race sémite s'est
tout d'abord montrée réfractaire : comme par
exemple dans les sciences exactes et mathématiques où se sont distingués de nos jours Segre,
Sylvestre, Goldschimdt, Beer, Marcus, Besso, Loria, Castelnuovo, Volterre, etc.

(1) Renan, *Mélanges d'histoire et de voyages.*

« Jacobs a eu l'idée singulière de réduire en chiffres et en formules ce qu'il appelle : *The comparative ability*, des Juifs en regard des Anglais et des Ecossais (1) ». Il a calculé que le nombre des Juifs qui se sont illustrés depuis le siècle dernier jusqu'à nos jours est supérieur à la moyenne qu'ont fournie les chrétiens du même pays ; il a fait des recherches sur le coefficient de génialité des Juifs de l'Europe occidentale et l'a comparé à celui des Anglais et des Ecossais et même des Européens en général suivant la méthode employée par Golton dans son livre : *Hereditary genius.*

Sur une donnée d'un million d'hommes parvenus à l'âge de 50 ans, il a choisi ceux qui se sont signalés de 1785 à 1785, il établit diverses catégories. Dans la première il trouve 4 Juifs célèbres ; dans la deuxième 17 ; un million 1/2 en fournirait 29 de la 1ʳᵉ et de la 2ᵉ classe réunies ; tandis que pour un chiffre semblable, les Anglais non Juifs, n'auraient fourni qu'un coefficient de 22 ou 23.

Continuant ses recherches, il établit au moyen de chiffres et de tracés graphiques, que les Juifs, à nombre égal, fournissent un nombre supérieur d'hommes éminents, mais peu d'intelligences moyennes ; les Anglais et les Ecossais fournissant au contraire un nombre supérieur d'esprits moyens :

(1) J. Jacobs, *Distribution comparée des capacités des Juifs* (Ability), *Journal of Anthropology, Institute of Great Britain and Juland.*

Il trouve pour les Anglais 256.000 intelligences moyennes sur 1 million ; pour les Ecossais
239.000 ; pour les Juifs 222.000.

D'un autre côté, sur 100 hommes pris au hasard,
il trouve 72 Juifs d'intelligence moindre, les Ecossais fournissaient le chiffre de 54 et les Anglais de
76 ; d'où il conclut qu'au point de vue de l'infériorité intellectuelle la moyenne des Juifs est de
2. p. 100 inférieure à celle des Ecossais, et 4 p. 100
de celle des Anglais.

Dans le tableau suivant, il établit les rapports
entre Juifs et Européens sur 1.000 celébrités réparties selon leurs capacités spéciales.

| | Européens | Juifs | | Européens | Juifs |
|---|---|---|---|---|---|
| Acteurs | 21 | 34 | Divers | 4 | 3 |
| Agriculteurs | 2 | » | Philosophes | 2 | 18 |
| Antiquaires | 23 | 26 | Musiciens | 11 | 71 |
| Architectes | 6 | 6 | Naturalistes | 22 | 25 |
| Artistes | 40 | 34 | Marins | 12 | 0 |
| Auteurs | 316 | 223 | Philologues | 13 | 123 |
| Ecclésiastiques | 130 | 105 | Poëtes | 20 | 36 |
| Ingénieurs | 13 | 9 | Economistes | 20 | 26 |
| Avocats | 24 | 40 | Hommes de science | 51 | 52 |
| Médecins | 31 | 39 | Sculpteurs | 10 | 12 |
| Commerçants | 12 | 43 | Souverains | 21 | 0 |
| Militaires | 56 | 6 | Hommes d'Etat | 125 | 83 |
| Ciseleurs | 3 | 0 | Explorateurs | 25 | 12 |

On trouve des données égales pour les architec-
tes, les artistes, les législateurs, les naturalistes,

les sculpteurs et les savants. Les arts dans lesquels les Juifs semblent exceller le plus sont la musique, l'art dramatique, la médecine, les mathématiques, la sociologie, la philologie. Cette aptitude à la philologie et à l'érudition en général, ils la doivent à l'étude héréditaire des textes anciens et aussi aux émigrations forcées chez des peuples parlant des langues différentes.

L'art s'est surtout déployé chez eux du côté musical, l'aptitude aux arts plastiques s'étant atrophiée par suite de leur dogme, qui prohibait comme idole toute image peinte ou sculptée.

« Quant aux sciences mathématiques, aux scien-
« ces physiques ou naturelles, nul ne contestera
« que la postérité de Jacob est bien douée pour
« elles. Cette race en apparence absorbée par la
« recherche du concret, et des biens matériels, a,
« depuis la dispersion, toujours montré du goût
« pour les sciences abstraites, pour la géométrie
« et l'astronomie comme pour la philosophie (Le-
« roy, *op cit.* »

Jacobs faisant ensuite une comparaison entre les données fournies par les aliénés, et les intelligences au-dessus de la moyenne, établit cette conclusion, que là où ces dernières sont plus nombreuses les aliénés prédominent.

Ainsi : Les Anglais donnent 3.050 aliénés par million d'habitants ;

Les Écossais 3.400 ;

Les Israélites Anglais 3.900.

4.

« L'on compte bien peu de générations depuis
« qu'au signal de la France, sont tombées les noi-
« res murailles des *ghettos* et les portes verrouil-
« lées de la *Judengasse;* et déjà un grand nombre
« de Juifs de France, d'Allemagne, d'Autriche,
« d'Angleterre, d'Italie, de Russie même, non
« contents de s'établir dans les rues de nos villes,
« ont envahi les chaires de nos universités, la
« scène de nos théâtres et jusqu'à la tribune de
« nos assemblées politiques. Cette civilisation, le
« Juif à peine affranchi y a pris sa place d'emblée,
« une place trop large au gré de beaucoup d'en-
« tre nous. Il rivalise avec nous sur notre terrain,
« dans ce qui lui était le plus étranger, dans les
« arts et les sciences les plus modernes.

« Phénomène peut-être sans précédent dans
« l'histoire, il ne lui a même pas fallu pour cela
« un stage de deux ou trois générations.

« Les Juifs ont beau être parmi nous en mino-
« rité infime, — un ou deux pour cent ; parfois,
« comme en France ou en Italie un ou deux pour
« mille — dans presque toutes les carrières, dans
« celles surtout qui n'exigent que de l'intelligence
« et du travail, on trouve, depuis moins de cent
« ans, quelques Juifs qui se sont élevés aux pre-
« miers rangs.

« Ces succès du sémite dans les champs les plus
« divers sont même peut-être le principal facteur
« de l'antisémitisme. Pour être si peu les Juifs
« tiennent partout trop de place. Comme je le di-

« sais en commençant, ils ont le tort de montrer
« que le nombre n'est pas tout et cela le nombre
« ne le pardonne pas. D'Herschell à l'astronome
« Beer, frère de Meyerbeer, on ne compte plus le
« nombre des Juifs qui se sont adonnés à l'astro-
« nomie. (Leroy-Beaulieu, *op. cit.*, p. 265-266). »

Quant aux hommes politiques. trois des plus célèbres parmi eux qui se sont signalés dans le siècle
étaient juifs : Disraéli, Ferdinand Lasalle et Léon
Gambetta ; chose rare en politique, tous trois ont
fait école et ces fils d'une race proscrite, ont été
idolâtrés par les foules aryennes. Dans les trois
nations les plus cultivées de l'Europe, aristocrates,
bourgeois, ouvriers se sont trouvés un moment
unis et représentés par un fils d'Israël.

« Comme vénération posthume, Gambetta le
cède même à Lassalle, salué de son vivant comme
le Messie du socialisme et après sa mort glorifié
comme le Christ, comme le Rédempteur des masses ouvrières. Mais le plus heureux des trois, celui
dont la haute fortune a suscité tant de jalousies,
c'est encore Disraéli qui dans la société la plus ex-
clusive a réalisé le rêve de tant de ses coréligionnaires » (Leroy, *op. cit.*)

« Ce grand concours d'hommes illustres est
d'autant plus merveilleux que, dans la course à la
renommée et aux honneurs, où tant de concur-
rents de toute race se disputent le prix, le Juif en
qualité de juif avait hier encore une infériorité
marquée ; en beaucoup de pays, la lice ne lui était

même pas ouverte ; sa naissance le disqualifiait.
Là où il était admis sur le *turf* il portait une sur-
charge, un poids de plus que les autres : sa religion, son nom de juif ; si bien que, pour s'alléger
et pour mieux courir, beaucoup des plus célèbres
ont dû rejeter ce poids incommode (Leroy, *op. cit.*,
p. 267).

S'il est vrai que le plus souvent les Juifs ont
fourni plus de talents que de vrais génies, leurs
génies même sont toujours restés des génies pratiques n'atteignant pas les hauts sommets d'un
Wagner, d'un Dante, d'un Darwin.

Ce niveau inférieur dans le génie s'explique
peut-être par le reste de sang sémite qui apporte
avec lui un élément d'infériorité et les empêche
d'atteindre comme leurs concitoyens aux plus
grandes hauteurs de l'intellectualité. Enfin, si les
persécutions ont aiguisé leurs capacités, elles doivent avoir aussi éteint, et empêché de se manifes-
ter bien des intelligences qui purent se développer
librement chez les autres races moins persécutées.

« Rarement l'homme, la plante homme, comme
« disait Alfieri, a eu une sève plus riche et a
« poussé plus de branches en tous sens ; mais
« courte a été la floraison. L'intelligence juive a
« été mise sous la lourde cloche du ghetto ; ou
« mieux, pareille à ces arbres que les Chinois
« s'amusent à cultiver en des pots minuscules, elle
« a été enfermée dans une caisse étroite où la
« terre manquait à ses racines. Quoi de surpre-

« nant si elle en avait pris quelque chose de rabou-
« gri? Mais, pour qu'elle s'épanouit et se ramifiât
« en libres rameaux, il n'y avait qu'à la remettre
« en pleine terre. » (Leroy, *op, cit.*, p. 220).

En somme le manque d'intelligence ou de génie
ne peut être reproché au Juif.

Le mélange Aryo-Sémitique a été plutôt utile
que nuisible et l'utilité s'en fait encore sentir.

# CHAPITRE VIII

Le reproche que l'on fait au juif, d'avoir entravé dans sa course vertigineuse le progrès de l'aryen, peut être facilement démenti par ce fait que les plus grandes révolutions ont eu les juifs pour promoteurs.

Il suffit de rappeler Moïse, Christ, Heine, Lassalle, Marx.

Ils nous ont légué le mosaïsme, parfait pour l'époque, le christianisme, lointain précurseur des théories socialistes, et enfin de nos jours le socialisme.

« Le juif, dit Bernard-Lazare, a été l'apôtre de l'incrédulité ; tous les rebelles sont venus à lui au grand jour ou à couvert ».

Avec les Arabes, ils peuplaient les universités de Salerne, de Montpellier, de Tolède, de Cordoue : (Arteyra de Santos — *Memorias de letteratura portuguese*) : « Nous devons en grande partie aux juifs les premières notions de philosophie, de botanique, de médecine, d'astronomie et de cosmographie, ainsi que les premiers éléments de grammaire, de philosophie, etc., etc. » Voir à l'appui : *Gli Israeliti rapporto alla scienza del medio-evo* par Schleiden. — Bengot, *Les juifs d'occident*. — Furst, *Juden in Asien*. — Graetz, *Geschichte der Juden*. — Levi, *Il semitismo* (1884).

Les juifs n'ont donc pas seulement franchi l'état stationnaire où se tient encore la majorité de leur race, incapable de rivaliser (sauf peut-être au point de vue lyrique et épique) avec la race blanche ; mais ils se sont parfois élevés au-dessus des aryens, et en toute circonstance, ont pu lutter de pair avec eux.

A quoi attribuer cette supériorité ? Nous en avons déjà eu plus haut une explication dans le croisement répété des races et dans la greffe climatérique.

D'autre part, l'émigration forcée soumit cette race déjà mêlée à l'origine (mais qui serait restée inférieure par l'apport de sang sémite) (1), à l'ac-

---

(1) Le sémite, dit Renan, manque de curiosité, « Dieu est grand, » ils s'en tiennent à cette explication, voyant en tout l'action inflexible de l'Etre Suprême, et leur science finit aux proverbes et à la lyrique, comme en Grèce à l'époque des sept sages. *Hist. des langues sémitiques* 1885, Paris). Quant à l'inertie et à l'apathie des sémites, il convient de rappeler, avec Despine, que les Arabes en Afrique, ont laissé tomber en ruine, tous les travaux d'art (aqueducs, etc.) des Romains, qui avaient contribué à fertiliser cette terre. En temps de disette l'Arabe se laissera mourir de faim, il ne fera pas un effort de plus, et ne cherchera pas de nouvelles récoltes pour suppléer à celles qu'il aura per-

tion prolongée de climats très différents du climat d'origine ; et la persécution continuelle, séculaire, agissant comme dirait Darwin en *sélecteur* de l'espèce a fortifié l'intelligence de tous ceux qu'elle n'a pu faire disparaître.

Et comme l'activité, la ruse, la misère feinte et par suite la bassesse pouvaient seules les soustraire aux persécutions contre lesquelles les audacieux se seraient brisés, ces persécutions firent prévaloir les vices rendus nécessaires dans la lutte pour la vie. Peu à peu ils se dépouillèrent de leurs vertus antiques, du courage, de la générosité devenus par la force des choses plus nuisibles qu'utiles.

Cette action combinée du climat et des circonstances est d'autant plus évidente que le juif est resté stationnaire dans certaines régions, dans les pays chauds notamment et dans ceux où la persécution a fait défaut.

C'est ainsi qu'ils n'excellèrent jamais en Abyssinie, où contrairement à leur habitude ils avaient fait de nombreux prosélytes, malgré, ou mieux parce qu'ils n'y furent jamais en butte aux persécutions.

Ils dégénérèrent au contraire dans leur natale et

dues. Ils aiment l'or par avarice, non pour en tirer avantage et ils l'enfouissent en terre.

Napoléon, Monge, ont cherché à frapper l'attention des Arabes, par des expériences de physique et de mécanique mais pas plus le physicien qui électrisait les cadavres que l'aréostat qui fendait les airs, ne purent les intéresser. Despine, *Psychologie naturelle*, 1868, Paris.

classique Judée, où ils sont cependant comblés de
faveurs par les dévots juifs de toute l'Europe qui
songent à faire de cette terre tant comme profit que
comme renommée, une autre Rome.

A Bombay, les juifs, qui exercent les professions
de maçons, d'agriculteurs, d'ouvriers, de soldats,
prétendent descendre de tribus assyriennes, exilées
du temps d'Osius ; ils se marient entre eux, observent le sabbat, la circoncision, vénèrent la Bible sans la comprendre. Réunis bien avant l'arrivée
des Européens en corporations régies par des chefs
spéciaux, ils n'ont jamais pu s'élever au-dessus des
castes inférieures hindoues.

A Cochin sur la côte de Malabar vivent 2.000 Israélites négroïdes, provenant d'un mélange de juifs
et d'esclaves nègres convertis au judaïsme. Ces
Beni-Israëls intermédiaires aux blancs et aux noirs
parlent Indou. Ils observent beaucoup de pratiques
hébraïque et beaucoup de pratiques indiennes,
sont tous guerriers, et ne se distinguent guère des
naturels du pays que par une certaine aptitude
musicale qui les a fait choisir pour les musiques ré-
gimentaires.

A Laghouat les Juifs sont très actifs : les hommes y travaillent comme joailliers, forgerons. Les
femmes filent de la laine. Ils se servent tous d'outils
primitifs et n'arrivent jamais à s'enrichir, bien
qu'ils aient adopté les usages, les coutumes, les mets,
les formules fatalistes des Arabes. Ainsi, par exemple, ils laissent mourir leurs malades sans les soi-

gner, leur donnant simplement à boire de l'eau dans
laquelle ils ont trempé la craie qui leur a servi à
tracer des versets bibliques adaptés au genre de
maladie.

A Damas, les juifs pauvres et ignorants n'ont
pour toute science que quelques superstitions religieuses.

Dans l'Atlas, chez les Berbères, Dakinson a trouvé
des juifs très pauvres qui n'étaient en rien supérieurs aux populations ambiantes.

En Chine où ils sont établis depuis plus de 2000
ans, où ils n'ont jamais été persécutés, ils n'ont
fait aucun progrès.

De même les Doriens en Grèce qui n'ont subi aucun mélange de race, n'ont donné ni révolutionnaires ni grands hommes. Or ces mêmes Doriens (et
c'est ici une remarquable confirmation de notre loi)
s'étant mêlés en Sicile et dans la Grande Grèce aux
Italiens, aux Sicules et aux Pélages, devinrent, à
leur tour, des novateurs, donnèrent un grand nombre d'hommes de génie (Archimède, les Pythago-
riciens, sauf Pythagore qui était Ionien) et révolutionnèrent l'art Étrusque. Cette brillante civilisation
et ces tendances novatrices n'eurent pas, il est vrai,
de durée ; ce qu'il faut attribuer à ce que le mélange ethnique, à l'état naissant donne un résultat
meilleur mais de courte durée lorsqu'il est impro-
visé.

C'est sous l'action de causes analogues, que
l'Irlande et la Pologne ont présenté le phénomène

d'une civilisation ayant surgi avec rapidité, au contact de l'étranger, et rapidement éteinte, sans doute, parce qu'il leur manquait d'autres facteurs physiques et sociaux favorables à l'accroissement.

Même, chez les Nègres, pourtant si peu révolutionnaires, l'apport de sang blanc et la greffe climatérique, firent naître à Cuba des tendances révolutionnaires, d'où sortit Toussaint Louverture.

Dans l'Amérique du Sud, au Brésil, les mulâtres ont fourni beaucoup d'esprits à tendances réformatrices, et nombre d'intelligences supérieures, mais en revanche aussi beaucoup de criminels.

Une autre circonstance toute particulière, qui a été chez le juif un puissant levier de progrès, est le manque d'aliment immédiat à son idéal.

« Renan a pu dire, écrit Bernard-Lazare (*Revue*
« *bleue*, n° 2, 1893) que les juifs ont toujours été
« un ferment de révolution à toutes les époques ;
« et de fait ils ont toujours été mécontents ».

« Leur idéal n'était pas de ceux qui se contentent d'espoir ; ils ne l'avaient pas placé assez haut pour cela ; ils ne pouvaient trouver un aliment suffisant à leur ambition, dans des songes et des chimères Ils croyaient de leur droit de demander des satisfactions immédiates, et non des promesses lointaines. De là l'agitation continuelle des juifs, qui se manifesta non seulement dans le prophétisme, le messianisme et le christianisme qui en est la dernière expression, mais encore après la dispersion, cette fois alors d'une façon individuelle.

« Pour Israël, la vie que Dieu a donnée à l'homme,
est bonne en soi : « Vivre est déjà une jouissance ».

« L'Ecclésiaste dit : « J'ai reconnu qu'il n'y a de
bonheur que la jouissance durant la vie ».

« La vie étant courte, le juif veut en jouir et
cherche par les plaisirs matériels à rendre plus
douce l'existence.

« Les peuples qui ont cru à l'au delà, qui se sont
bercés de consolantes chimères, qui se sont endor-
mis dans le rêve de l'éternité, qui ont accepté le
dogme des récompenses et des châtiments du pa-
radis et de l'enfer, tous ces peuples ont accepté la
misère, les maladies présentes, en courbant la tête.
Le rêve des jouissances futures les soutenait et
ils se résignaient sans révolte aux privations et
aux souffrances ».

« La haine de l'injustice est singulièrement affai-
blie par la certitude des récompenses ; qu'importent
en effet, les brèves iniquités de la terre, dit Renan,
aux peuples qui croient à une vie éternelle pendant laquelle régnera une immuable équité ? La foi
dans l'immortalité de l'âme est conseillère de ré-
signation et ce fait est si vrai que l'intransigeance
judaïque, s'affaiblit à mesure que dans Israël, s'af-
firme le dogme de l'éternité.

« Mais cette idée de persistance et de continuation
de la personnalité ne modifie pas pour cela l'être
moral du juif. Pour lui l'important était la vie actuelle.

« L'homme que loue le juif n'était ni le saint ni le résigné, c'est le juste ».

Le Dieu des prophètes veut : « Que l'équité soit comme un cours d'eau et la justice comme un torrent jamais tari ».

Pour les prophètes les riches étaient un obstacle à la justice, celle-ci ne pouvait être rétablie que par les pauvres. Aussi, les *ebionim*, les pauvres et les affligés se groupaient-ils autour des prophètes, leurs défenseurs, et avec eux protestaient contre les exactions.

« Au retour de Babylone le peuple hébreux était surtout formé de groupes de pauvres et de pieux.

« Une grande partie des psaumes fut leur œuvre : ce sont en grande partie des diatribes contre les riches, ils symbolisent la lutte des prolétaires contre les puissants. Lorsque les psalmistes parlent des riches, des repus, ils disent que « le riche est méchant, qu'il est violent et sanguinaire ; qu'il est fourbe, perfide, orgueilleux, il fait le mal sans motif.

« Excités par les paroles de leurs poètes le *ebionim* ne s'endormaient pas dans leurs misères, ils rêvaient au jour qui les vengerait de l'iniquité, où le méchant serait terrassé et le bon élevé ; ils attendaient l'heure du Messie. L'ère du Messie pour tous ces humbles devait être l'ère de la Justice qu'ils attendent encore.

« Lorsque Jésus viendra il répétera ce qu'ils ont dit, il dira ; « Bienheureux ceux qui ont soif et faim de justice car ceux-là seront désaltérés » et il lancera des anathèmes contre les riches en leur disant : « Il est plus facile à un chameau de passer par le trou d'une aiguille qu'à un riche d'entrer dans le royaume des cieux ». L'idée que les juifs avaient conçu de la vie et de la mort, leur fournit un premier ferment de révolution. En partant de cette idée que le bien, c'est-à-dire ¡la justice doit se réaliser ici-bas et non au-delà de la tombe, ils recherchèrent sur la terre la justice et ne la trouvant jamais, s'agitèrent pour l'obtenir, perpétuellement mécontents.

L'idée qu'ils se firent de la divinité, leur fournit un second élément de révolutionarisme : elle les conduisit à concevoir l'égalité des hommes, et par suite à l'anarchie. S'ils subirent toujours l'autorité, ils ne l'acceptèrent jamais de bon gré.

Quand les prophètes insultaient les rois, ils exprimaient les sentiments d'Israël. Ils donnaient une formule aux tendances vagues des pauvres, des humbles, de tous ceux qui directement lésés par la puissance des rois et des riches, étaient portés par cela même à critiquer ou à nier les prétendus bienfaits de cette tyrannie. N'acceptant comme Dieu que Jéhovah, ces prolétaires, ces *ebionim*, étaient naturellement portés à la révolte contre les lois humaines, qu'ils ne pouvaient accepter. Et aux époques le soulèvement on vit Zadok et Juda le Galiléen, entraîner derrière eux les masses, et leur dire : « N'appelez personne votre maître. Notre

chair est la même que celle de nos frères, et nos
fils sont semblables à leurs fils. »

La haine de l'Israëlite contre le riche fauteur
d'injustice, s'augmentait encore de la haine contre
le riche qui niait l'égalité. Ne pouvant attribuer
une origine divine aux richesses, ne pouvant croire
que Jéhovah les avait distribuées, le Juif, rompant
le pacte qui le reliait à sa nation, decrétait que
toute fortune naît du mal, que toute richesse est
mal acquise.

« En plus, ils avaient l'amour de la liberté, et
cette passion ne fut pas sans contribuer au développement de l'esprit révolutionnaire surtout sous
Antiochus et à l'époque de la domination romaine.

« Et si leur concept de la liberté politique se
développa plus tardivement, ils eurent toujours le
sentiment de la liberté individuelle, corollaire iné-
vitable de leur conception de la divinité et conséquence de leur théorie sur la réaction individuelle » (Bernard-Lazare).

D'après cette théorie Dieu était le seul maître,
et personne en dehors de Jéhovah ne pouvait diri-
ger le peuple juif ; aucun de ses semblables n'avait
droit de lui imposer sa volonté. N'ayant devant lui
que des créatures de chair et d'os comme lui, le
juif voulait être libre et devait l'être. Cette con-
viction le rendait incapable de discipline et de su-
bordination, le portait à se débarrasser de tous les
liens avec lesquels les rois et les patriciens auraient

voulu le retenir : les rois juifs n'ont jamais régné que sur un peuple de rebelles.

Ils n'ont jamais été fatalistes comme les musulmans, ils revendiquaient en face de Jéhovah leur libre arbitre. Sans se soucier de la contradiction, ils s'inclinaient à la fois devant leur seigneur ; et nouveaux *Capanée* se dressaient contre lui pour affirmer l'inviolabilité de leur *moi*.

Non seulement les juifs crurent que la justice, l'égalité et la liberté devaient être souveraines dans le monde, mais ils crurent même qu'ils en devaient être les apôtres. Les prophètes entretinrent toujours Israël dans un rêve d'une ère de félicité et de prospérité. Après l'exil, les psaumes contribuèrent encore à augmenter la croyance à l'époque bénie où le méchant cessera d'exister, où « les pauvres posséderont la terre et jouiront de la paix ». Depuis leur sortie de Babylone jusqu'à l'agonie de la nation juive, ce rêve d'un rédempteur a bercé les Hébreux. La tyrannie d'Antiochus, l'oppression romaine vinrent aviver ces espérances. Dans leurs épreuves ils se consolèrent en songeant au jour de la liberté. L'image du libérateur se forma peu à peu dans leurs esprits ; elle était encore vivante dans l'âme de ceux qui entendirent la voix de Jean-Baptiste criant : « le Royaume des cieux va arriver », comme dans le cœur de ceux qui suivirent Jésus.

De ces espérances naquit toute une littérature. Il suffit de mentionner le livre de Daniel, les Psau-

mes de Salomon, le livre d'Enoch, le quatrième
livre d'Ezra, les oracles Sybillins.

Mais tous ceux qui se présentèrent comme le
Messie, Israël les repoussa. Il ne voulut entendre
aucun de ceux qui se dirent les envoyés de Dieu,
Jésus, Barkokba, Theudas, Alroy, Serenus, Moïse
de Crète, Sabbatai.

C'est qu'Israël n'a jamais vu son idéal réalisé.

Il faut encore noter une autre cause organo-psy-
chique de leurs tendances révolutionnaires. « Il y
« a, en tout juif, une sécrète faculté de métamor-
« phose qui m'a souvent émerveillé, écrit Leroy ;
« il est prêt à toutes les transformations sans pres-
« que jamais perdre l'empreinte de sa race. Il a la
« faculté singulière de faire à volonté peau neuve,
« sans cesser au fond d'être juif. Il est ainsi à la
« fois l'homme qui se modifie le plus et celui qui
« change le moins. Il est comme un métal toujours
« en fusion ; on peut le couler dans tous les mou-
« les, il prend toutes les formes sans changer de
« substance. »

Et voilà comment le conservateur violent devint
le socialiste, le facteur de tout progrès.

Outre la sélection opérée par la persécution,
il convient d'ajouter celle qui résulte de la
culture intellectuelle. Ainsi s'explique le respect
qu'avait le juif pour ceux qui étaient instruits. On
a dit que le Talmud a contribué à affiner l'esprit
d'Israël. Nullement. Comme la scholastique et
peut-être plus qu'elle, le Talmud n'a pu que nuire

à l'intelligence juive, labourant de frivoles subtilités, de sottes peurs : plus utile au contraire fut cette
espèce de culte, de vénération qu'ils avaient
pour ses lecteurs, qui malgré ce texte absurde
(bien plus que grâce à lui) étaient à vrai dire des
penseurs et des studieux. Au temps où le juif vivait
en Pologne, dans la plus grande barbarie, où on
lui défendait tout contact avec le gentil, où il était
ignorant de tout, et se faisait même de l'ignorance
une ligne de conduite, celui qui avait étudié le Talmud était recherché comme un homme précieux,
que les riches se disputaient pour le marier aux
plus riches héritières.

« Le savant dit le Talmud est supérieur au roi.
« Un bâtard savant vaut mieux qu'un grand prêtre
ignorant. »

Cette admiration pour toute chose intellectuelle
lui aida à faire une sélection, à fréquenter les
esprits cultivés, à rechercher tous ces génies qui
se perdent méconnus, parce qu'ils n'ont jamais
pu se frayer une voie (1).

Aujourd'hui encore, dans les milieux où on vit
de la vie juive, par exemple dans l'Est de l'Europe,
à Vilua, à Varsovie, à Brody et à Jassy, les ouvriers
israélites se réunissent chaque soir dans leurs
*clausen* pour étudier et méditer la loi. Méprisant
le cabaret, les fanfares, les trompettes qui attirent
leurs compagnons, les ouvriers juifs fondent des

(1) V. *L'homme de génie*. C. Lombroso.

clubs pour étudier la Bible. Chaque *hebra* (club) a son lecteur qu'elle subventionne à ses frais.

Partout dans les pays de l'Est on trouve un grand nombre de ces docteurs savants qui pullulaient dans les villes de la Judée au temps du Christ.

Il faut également considérer qu'ils étaient déjà du temps des Phéniciens et des Carthaginois un peuple industriel et lettré, et que le juif illettré, ne sachant pas lire y était très rare. L'instruction a toujours été obligatoire chez les Hébreux, et jamais, comme les chrétiens laïcs du moyen âge, ils n'abandonnèrent la science au clergé.

Devenus par la force des circonstances, et par leurs tendances instinctives, un peuple exclusivement commerçant, ils doivent être comparés non pas à l'ensemble de la population, mais à celle des villes seulement, à la population industrielle, à cette partie en un mot qui donne le plus de révoltés, de révolutionnaires et de génies (1).

C'est ainsi également qu'on s'explique la grande prédisposition des juifs aux névroses, prédisposition plus fréquente chez ceux qui travaillent de tête (comme je l'ai démontré dans mon « *Uomo di Genio* » et qui tour à tour devient cause et effet du Génie.

D'après une observation que j'ai faite il y a déjà longtemps et reprise depuis par Charcot, les nations chez lesquelles le juif compte un grand

---

(1) Voir à l'appui mon *Delitto politico e Rovoluzzione* (2e partie, 1889).

nombre d'esprits supérieurs donnent par contre un chiffre élevé d'aliénés. C'est ainsi qu'en Allemagne, on compte 8 aliénés sur 10.000 chrétiens, et 16 sur 10.000 juifs : en Italie 1 sur 384 juifs, 1 sur 1.725 chrétiens. Jacobs a obtenu des données analogues en Angleterre.

C'est une proportion ou plutôt une disproportion d'autant plus remarquable chez une population qui malgré un plus grand nombre de vieillards et par conséquent de déments séniles renferme on le sait un très grand nombre d'alcooliques. Or, pour l'expliquer il faut faire la comparaison non pas avec la population chrétienne en général, mais avec la population industrielle qui offre un contingent double d'aliénés ; Encore, même après cette comparaison, la disproportion reste trop grande, et elle ne peut s'expliquer que par l'excès de travail et par l'écho de persécution si longtemps endurées.

Les meneurs de l'antisémitisme, cette honte de l'Europe actuelle, n'ont pas songé à ce fatal privilège ; certes ils ne seraient pas tant irrités des succès de cette malheureuse race, s'ils avaient songé au prix de combien d'infortunes elle les paie, même à notre époque. Ils ne songeraient pas à renouveler les tragédies d'autrefois où les victimes versèrent plus de sang peut-être, mais ne furent jamais aussi cruellement éprouvées que celles d'aujourd'hui, frappées dans leur gloire par sa cause même, sans seulement la satisfaction de contribuer par leur sacrifice à la plus noble sélection de l'espèce.

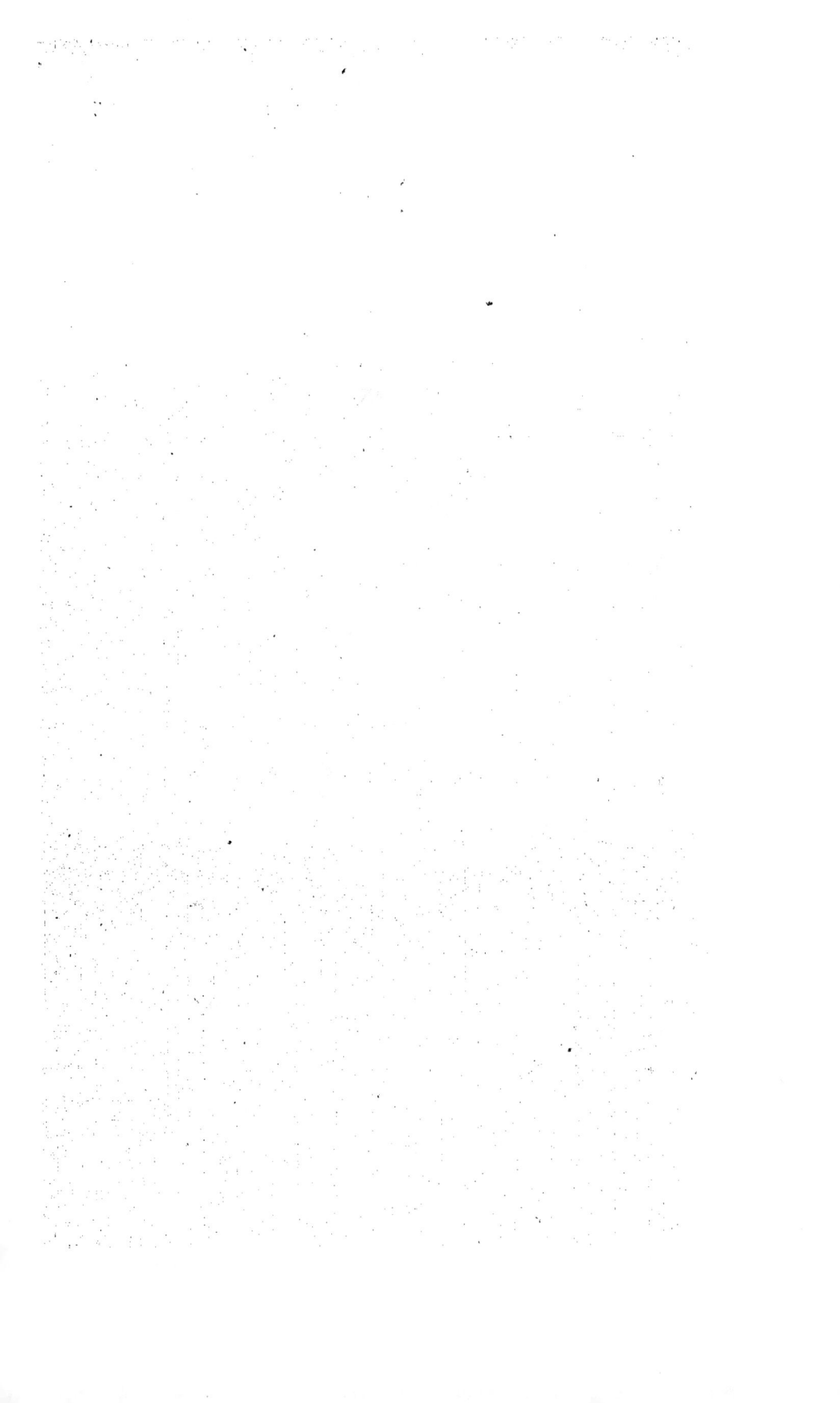

# CHAPITRE IX

De nos jours la question économique prime tout. Il est donc utile de se demander : si les juifs ne font pas une concurrence dangereuse à notre commerce, s'ils n'immobilisent pas les capitaux, et sur ce point si ce n'est pas une nécessité de les combattre ? (Picard, v. pl. haut).

Nous répondrons :

Il est certain que les juifs qui se livrent au commerce, sont la majorité, surtout dans les pays où ils sont persécutés, et où ils ne trouvent pas d'autres moyens d'existence.

En Italie où depuis longtemps ils jouissent d'une entière liberté, Servi nous donne le recensement suivant (1861) :

| | |
|---|---|
| Agriculteurs . . . . . . | 0,7 0/00 |
| Artisans . . . . . . . | 4 0/00 |
| Propriétaires. . . . . . | 5,6 0/00 |
| Prêtres. . . . . . . . | 9,3 0/00 |
| Professions libérales . . . | 27,6 0/00 |
| Emplois administratifs. . . | 120 0/00 |

Domestiques . . . . . .     16 0/00
Militaires, etc. . . . . .    13 0/00
Commerce et industrie  . .  177 0/00

On voit donc par cette liste la grande prédominance des commerçants et employés.

Mais elle ne l'explique pas : or quelques recherches nous apprennent que l'ancien hébreux bien que d'abord nomade puis essentiellement agriculteur semblait déjà avoir une tendance spéciale à l'industrie et au commerce. On ne pourrait s'expliquer autrement que tous les hauts emplois de finances, à Ninive et à Babylone eussent été confiés aux hébreux, et qu'on pût retrouver dans le vieux lexique hébreux nombre d'étimologies montrant combien déjà étaient nombreux les usuriers avant même que la langue ait pris son développement littéraire.

Le mot *haval* qui veut dire *usure* signifie à la fois *tourment, denrée, douleur, lien* et *créancier.*

Un autre mot, *nava* veut dire *usurier, nerf, tromper, prêter. Nava,* corde, lia.

*Ravad,* il courba.

*Enavad,* gage. prêt-emprunt.

*Nagas, exiger le paiement, harceler* ce qui correspond certainement pour la même cause et sans doute par dérivation au triste *nexus* latin.

Ce qui fait croire que les lois socialistes agraires dont fait mention la Bible ne durent pas longtemps rester en vigueur.

Ils avaient des sociétés de libraires à Jabès, des

fabriques de *bysse* (tissus de lin) à Bath-Ashbéa.
Déjà du temps d'Alexandre, ils étaient établis dans
les villes les plus commerçantes : Corinthe, Antioche, Crète ; dans cette dernière les juifs de Babylone cachaient leurs trésors dans les périodes de
troubles (Ewald, *Dic Alter, Die Kumer der V. Israel,*
tome IV, id. II, 296, Gottinge, 1854). Que cette
aptitude commerciale des hébreux, fut spéciale à
la race, cela nous est confirmé, par leur affinité
avec les Phéniciens et les Carthaginois, avec qui
ils avaient de commun la langue, et auxquels ils
s'associèrent pour leur commerce à Gaza. (Les ju-
ges, V, II). Les Phéniciens connurent avant les
égyptiens l'usage de la monnaie et des poids, précisément comme les juifs européens, celui des banques. Les sidoniens étaient connus pour leurs fabriques d'étoffes et de vitraux. La ruse punique est
connue. On connaît aussi les naïfs contrats de Jacob
avec Esaü et Laban.

Avec de tels précédents, on comprend très bien,
qu'ils se soient dans la suite entièrement consacrés
au commerce, qu'ils soient devenus pendant plusieurs siècles les plus habiles commerçants du
monde, et partant les plus détestés ; on s'explique qu'à cet époque où les banques, ces redou-
tables instruments d'usure et de duperie n'exis-
taient pas encore, ils fussent devenus les principaux
usuriers, apportant dans le commerce cet insatia-
ble esprit d'avidité et de fourberie qui par l'habitude continue, prit chez eux d'énormes proportions.

C'était une conséquence nécessaire d'un métier longtemps prolongé.

Comme chaque profession manuelle qui amène à la longue une déformation spéciale, et apporte avec elle autant de maux que de bienfaits, cette profession de l'industrie et de l'or qui eut l'avantage de transformer l'époque féodale et théocratique en époque bourgeoise et marchande ne fut pas sans entraîner de nombreux dommages.

Mais ici, c'est moins le juif qu'il faut incriminer que son métier, ou mieux que le fruit de ce métier, le capitalisme, qui après avoir transformé et fait bénéficier la société barbare, a dégénéré à son tour, tendant aujourd'hui à la ruiner.

Car si les juifs dans beaucoup de parties de l'Europe, ont leur large part de la domination trop brutale du capitalisme, le jour où les opprimés du quatrième état jetteront bas la bourgeoisie, ce jour là, ils tomberont avec elle. Mais ce n'est plus ici seulement la question sémitique, c'est la grande question sociale qui entre en jeu, qui comprend des classes et des rangs et non des races et relève beaucoup plus de l'époque future que de l'époque actuelle.

Il est à remarquer aussi, qu'ils n'eurent pas toujours la primauté absolue parmi les spéculateurs et les fraudeurs du capital. Aujourd'hui même les infamies de Shilok palissent devant celles de la banque Bontoux, du Panama, de la Banque populaire de Turin, de la Banque Romaine, infamies dé-

fendues, cachées et souvent même suscitées par les
hommes politiques, par les journalistes les plus
éminents, pas tous juifs hélas ! (sauf Susani, Arton,
Herz, Reinach, etc.). Et tout cela grâce au système
parlementaire, aux codes commerciaux, qu'on dirait conçus exprès pour tromper et ruiner les
masses, se retranchant derrière l'immunité des dé-
putés et la responsabilité rejetée tout entière sur
la collectivité ; tout cela grâce aux conseils de banques devenus plus impuissants et plus suggestion-
nables que des enfants ; tout cela enfin grâce aux
lois sur la presse faites pour frapper ceux qui dé-
noncent les délits, bien plus que ceux qui les com-
mettent, tellement que sans quelques généreux
tribuns tous seraient encore impunis, menaçants
même pour les honnêtes gens !

On n'a pas non plus rencontré chez les juifs ces
industriels millionnaires, qui allèrent jusqu'à ar-
mer comme en Amérique, de véritables flibustiers
légaux contre leurs ouvriers, entourant leurs fabriques de murailles cuirassées, de mines et de canons.

Les Juifs contribuèrent à réaliser le rêve saint-
simonien ; ils se montrèrent les plus sûrs alliés de
la bourgeoisie, d'autant qu'en travaillant pour elle
ils travaillaient pour eux et, dans toute l'Europe,
ils furent au premier rang du mouvement libéral
qui, de 1815 à 1848, acheva d'établir la domination
du capitalisme bourgeois.

Moses Hess, Gabriel Riesser, Heine et Borne en
Allemagne, Fingi, Jellinnek en Autriche, Lubliner

en Pologne, en 1848 combattirent les premiers
pour la liberté.

S'ils ont eu, après, leur part dans les exactions
du capitalisme, en revanche ils sont peut-être les
premiers, qui aient pris l'initiative révolutionnaire
contre le capitalisme lui-même, avec Marx, Loria,
Lasalle ; sans compter le grand nombre d'adeptes
qu'ils fournissent au socialisme de tous les pays (1).

Considérons enfin que grâce à ces instincts,
qu'ils tiennent probablement des Phéniciens, grâce
à leur peu de croyance à la vie future, à leur peu
de goût pour les arts plastiques, grâce surtout aux
nécessités historiques imposées par les persécutions, ils précédèrent peut-être de plusieurs siècles
la phase moderne. Ils formèrent les bases du tiers
État qui réalisa un grand pas sur la théocratie et
l'état militaire tout comme les lichens et les mous-

(1) En Italie, Tréves, G. Levi, Torre, Monvigliano, etc ; en
Autriche, outre Exdter et Licberman, Cohen, on peut citer Neuma-
yer ; Fribourg, qui fut un des directeurs de la Fédération Parisienne de l'Internationale dont firent partie aussi Loeb, Halt-
mayer, Lazare et Armand Lévi ; Léon Franck ; Ph. Coenen (O,
Fribourg : L'association internationale des travailleurs.
Paris, 1891) ; Dobrojanu Ghérea en Roumanie, Gompers, Kahn
et de Lion aux Etats-Unis d'Amérique. Les Russes, à peine éva-
dés du ghetto, participèrent à l'agitation nihiliste ; quelques-
uns — parmi lesquels des femmes — sacrifièrent leur vie
à la cause émancipatrice, et à côté de ces médecins et de ces
avocats israélites, il faut placer la masse considérable des réfugiés artisans qui ont fondé à Londres et à New-York d'importantes agglomérations ouvrières, centres de propagande socialiste.

ses les plus humbles qui forment un humus d'où sortent les plantes supérieures.

Aujourd'hui encore dans certains pays comme la Russie où les employés, les nobles et les agriculteurs prédominent, ils forment la base de la bourgeoisie commerçante, et en voulant les supprimer au moyen de persécutions, non seulement on n'apporte pas (contrairement à ce que pensent les barbares qui dirigent ce pays) un avantage à la population, mais on y tue les germes du commerce et de l'industrie. C'est comme le fait très bien remarquer un russe de génie, ce qu'on pourrait appeler le Machiavelisme de nos temps (Novicov, *La lutte des races*).

« L'expulsion des juifs est une faute absolue « du gouvernement ; on peut en voir en ce mo- « ment en Russie les tristes résultats. Dans la « province d'Orel, par exemple, le prix du chanvre « a baissé par suite de l'émigration de négociants « israélites qui savaient l'écouler, et beaucoup de « ces cas peuvent se généraliser. Le peu de sûreté « pour les personnes est cause de l'arrêt général « des affaires. Aujourd'hui les israélites en Russie « n'osent rien entreprendre, et les marchands sont « ruinés. »

En 1881, ont lieu (écrit Chmerkine (1), p. 3), les sanglantes émeutes antisémites ; en 1882, paraissent les restrictions imposées aux juifs ; depuis

_____

(1) *Les conséquences de l'antisémitisme.*

1882, la Russie donne tous les signes d'une dé-
croissance économique sérieuse : la consommation
des denrées, même indipensables (boissons, sucre),
a baissé d'une manière frappante. De même a di-
minué aussi l'outillage de production et la surface
des terres ensemencées de céréales ; l'expulsion des
juifs entre donc parmi les causes de la grande famine de 1871 ; ainsi à Vinitza, ancien centre juif,
un pond de seigle se vend de 80 à 85 kopecks et de
même à Kherson, à Raison d'où ils sont plus récemment expulsés, il atteint 120 à 132 kopecks.

Débarrassés de la concurrence des juifs, les con-
currents locaux ont entrepris d'affamer la population (p. 31). Plusieurs districts à bout de ressouces
implorent du gouvernement le retour des juifs
pour éviter la famine (Chmerkine).

On a soutenu à ce propos que ces mesures étaient
nécessaires en Russie et en Roumanie, parce que
les juifs de ces pays sont rebelles à toute civilisation. Mais les juifs qui ont donné Spinoza, Maimo-
nide, et Mendelssohn, n'étaient pas différents du
juif russe moderne. Tout comme les Juifs russes
les plus honnis, ils étaient par la langue, par le
costume, par leur malpropreté, un objet de répul-
sion dans les pays où ils prospérèrent si bien dans
la suite.

Une des preuves de la facile transformation
du juif russe et dont nous avons déjà parlé plus
haut se trouve dans ce qui se passe en ce moment en Amérique. Les premiers de ces juifs, fils

de mendiants et de vagabonds qui débarquèrent à
Londres et en Amérique ne vécurent d'abord que
de mendicité et restèrent inactifs dans les premiers
mois. Mais quelques étudiants chassés par les
nouvelles persécutions russes, leur étant venus en
aide, ils s'organisèrent merveilleusement, créant
de nouvelles industries, qui n'étaient pas en concurrence avec les industries dominantes du pays,
par exemple celle des manteaux en fourrure ; ils
créèrent sur le champ des cercles, des écoles, des
sociétés coopératives si bien que le *New York Hé-
rald* (chose triste à dire pour nous) constate une
énorme différence entre eux et les italiens établis
depuis de longues années, si divisés, si isolés, si
indignement grugés par leurs propres compatrio-
tes, au point de faire piteuse figure dans ce pays
où l'estime ne s'obtient que par le succès et par
l'argent.

Ce fait d'une influence bienfaisante, « industrio-
gène » du juif, ressort clairement au moyen-âge,
malgré les superstitions exagérées du peuple et les
injonctions cléricales, poussant au massacre et à
la chasse du juif, les gouvernants de cette époque,
bravaient même les colères populaires et cléricales
pour les rappeler et les garder, parce qu'autrement ils n'auraient pu pourvoir aux besoins du commerce et que l'usure se serait accrue considérable-
ment.

Egiza, roi Visigoth d'Espagne, un de leur plus
cruels persécuteurs, et qui les avait banni de ses États,

faisait exception pour ceux de la Septimanie, « dans
le but, disait-il, de réparer les désastres que cette
province avait éprouvées et afin que les juifs pus-
sent en restaurer les finances, soit par les tributs
qu'ils payaient au fisc, soit par leur activité ou leur
industrie.

Louis III et Philippe le Hardi écrivaient dans
leurs lettres de rappel des juifs dans leurs Etats,
qu'ils ne trouvaient pas d'autre moyen de rétablir
leurs finances déchues, que de rappeler ceux qui
étaient le plus aptes à faire fleurir le commerce et
circuler l'argent.

Le pape Pie V, un des rares Pontifes qui aient
poursuivi les juifs, déclare dans ses bulles, qu'il
maintient les juifs à Ancône *pour ne pas détruire
le commerce avec l'Orient.*

Presqu'à la même époque le restaurateur de la
dynastie de Savoie, Emmanuel Philibert, en accor-
dant aux juifs, dans un décret de 1572, le droit de
s'établir dans ses Etats, déclare expressément y
avoir été conduit « pour le bien de nos sujets et les
intérêts du pays » (1).

« Même au temps (écrit Röscher) où le grand
nombre des péages, et la tyrannie des seigneurs
féodaux, rendaient impossible toute spéculation
autre que celle des petits marchands des bourga-
des et des villes, les juifs plus hardis, plus re-

---

(1) D'Aguir, *Concil. hisp.* t. II, p. 752.
(2) *Reflexions d'un Milord*, p. 52.
(3) Guidelti, *Pro Judæis*, 1884.

muants, tournaient leurs regards vers de plus vastes spéculations, et travaillaient en silence à rapprocher les continents et à relier les royaumes. Ils évitaient les barrières et les retranchements, cachant soigneusement sous une apparence misérable leur réelle richesse, et le secret de leurs transactions. Ils allaient chercher à de grandes distances et mettaient à la portée des consommateurs les moins pauvres, les produits peu connus de pays éloignés. A force d'errer de pays en pays ils avaient acquis une connaissance exacte des besoins et de tous les caprices commerciaux ; ils savaient où on devait acheter et où on pouvait vendre : quelques échantillons et un carnet de notes suffisaient à leur opérations commerciales les plus importantes. Ils correspondaient entre eux sous la foi d'engagements que leurs intérêts les forçaient à respecter, entourés comme ils l'étaient d'ennemis de toutes sortes. Le commerce a perdu la trace des ingénieuses inventions, qui résultèrent de leurs efforts, mais c'est à leur influence qu'on doit les rapides progrès dont l'histoire nous a signalé le brillant épisode au milieu de la profonde ignorance de la nuit féodale ».

Selon Röscher, c'est à eux qu'on devrait la découverte de la lettre de change, qui fut certainement pour la bourgeoisie aussi utile que la poudre à canon et l'imprimerie. C'est certainement à eux, que l'on doit la création des Banques et des Monts-de-Piété. Amalfi, Venise et Gênes leurs doivent l'accroissement de leurs trafics.

Notons enfin que dans les pays où la persécution fait défaut, comme en Italie, en Hollande, en
Hongrie, en Angleterre, où le juif peut se déployer
librement dans toutes les directions, on le voit avec
cet élan pour les choses jadis défendues, se jeter dans
la politique, dans l'enseignement, dans l'armée. Et
à mesure qu'il se lance dans des professions qui ne
peuvent nuire à un pays, il abandonne en grande
partie le commerce, l'usurier principalement abandonne le trafic de l'or, qui le rendit si odieux ; et
chose remarquable il tend à s'appauvrir.

Et les véritables Shiloch, les purs juifs antiques,
seuls, regrettent leurs vieux *ghetti* où ils accumu-
laient les richesses et regrettent qu'aujourd'hui les
fils d'Israël abandonnent la proie pour l'ombre.

C'est pourquoi, si l'antisémitisme triomphait, il
arriverait à un but absolument opposé à celui qu'il
vise : à rendre les juifs plus riches et plus unis. Il
lui faudrait pour éviter cela, chose impossible de
nos temps en Europe, sauf peut-être en Russie,
arriver à les détruire complètement ; car les per-
sécuter, leur obstruer toute autre voie, c'est justement raffiner leur esprit commercial, les pousser
de plus en plus dans l'observance de ces rites ridi-
cules, dont ils se déferaient peu à peu en se mo-
dernisant.

Nous croyons que si l'antisémitisme cessait, le
juif disparaîtrait peu à peu avant cinq ou six siècles ; ne laissant qu'un petit nombre d'orthodoxes
dans quelques pays barbares et éloignés. Le Juif

libéré, soustrait aux codes exceptionnels (écrit B. Lazare), et au talmudisme ankylosant, est un élément absorbé, bien loin que d'être un élément absorbant. « En certains pays, comme aux États-Unis, la distinction entre juifs et chrétiens s'efface rapidement, elle s'effacera de jour en jour » (1). Nowikow, dans le bel ouvrage que nous avons déjà cité, croit « que la fusion entre Russes et Juifs comme on le vit en 1868 sous un régime plus libéral, serait très facile, si elle n'était entravée par des lois arbitraires. C'est ce qu'on voit sous nos yeux à Budapest où le capital Sémite transforme et modernise la ville, qu'il industrialise dans sa banlieue, tout en améliorant le centre qui sera bientôt plus beau que Vienne, la capitale rivale. Malgré ces métamorphoses, la perle de Hongrie reste plus que jamais maggiare et jalouse de son originalité hongroise.

(1) H. Georges, *Progrès et pauvreté*, Paris 1887.

# CHAPITRE X

Des rigoristes, principalement des Allemands
ont prétendu en invoquant le grand nombre de
Juifs auteurs et fauteurs de mauvais livres, qu'ils
étaient les maîtres de l'immoralité moderne. Mais,
comme le fait justement remarquer un écrivain
français, esprit aussi remarquable qu'original, (1)
l'esprit moderne n'a pas besoin du Sémite pour se
complaire dans l'immoralité. Si quelques-uns d'entre eux comme Heine ou Revere, ont tout tourné
en ridicule et ont abaissé l'idéal humain, la faute
ne leur incombe pas toute ; elle vient aussi des évè-
nements qui passent rapides et détruisent les plus
grands rêves ; elle vient du mouvement moderne
qui a substitué à un idéalisme plus élevé, la soif
inextinguible des intérêts.

Du reste les Juifs n'eurent pas seulement des
idéalistes, ils eurent presque des demi-saints. Las-
sale par exemple, Darmstetter et Franchetti qui
à l'heure des désastres se fit tuer pour la France,

(1) Leroy Beaulieu, *op. cit.*

Coralie Cahen qui se fit, infirmière de ces mêmes
Français jusqu'à sa captivité ; et enfin beaucoup
de nihilistes, entre autres *Chesojub*, « que la Russie
a fait périr mais que le monde vénère comme un
nouveau Christ » (1).

Toutefois je conviens, que la majorité des Juifs
est plus imbue de cupidité et d'avidité du pouvoir que d'amour du bien, mais ceci encore s'explique par l'épidémie de notre époque. Représentants
de l'esprit moderne, malheureusement ils en portent les plaies.

Des ultra-sémites et des personnes qui s'en rap-
portent aux données de la statistique sans les approfondir, ont de leur côté prétendu que les Juifs
avaient une moralité plus grande, puisque les
chiffres de leur criminalité sont inférieurs à ceux
de leurs concitoyens, quand l'antipathie générale,
a tout intérêt à mettre en lumière leurs délits. En
Bavière on trouverait un délinquant sur 315 juifs,
1 sur 265 catholiques. A Bade 66,6 délinquants
juifs pour 100 chrétiens. (David Lévi, *op. cit.*).

Mais outre qu'à ces statistiques on peut en oppo-
ser de contraires prises en Autriche et en Prusse,
nous ne devons pas oublier qu'un tiers de l'argot
tudesque est fait de mots hébreux ce qui indique
qu'ils ont participé pendant un certain temps au
moins, au mouvement criminel ; beaucoup des

---

(1) V. la brochure remarquable de David Levi, l'auteur du
*Prophète*, intitulée *le Sémitisme dans la civilisation des
peuples, Turin*, 1884. Voir mon *Crime politique*, 1890.

voleurs à l'anneau dont parle Vidocq sont d'ailleurs juifs.

Il conviendrait plutôt de dire que l'amour plus grand de la famille, le courage moindre, l'abstinence d'alcool, les tiennent dans une certaine mesure à l'écart des délits de violence, des rixes et des aggressions. Il faut ajouter que leur criminalité, surtout composée de duperies commerciales est de celles qui restent le mieux cachées, qui s'accordent le mieux avec les civilisations avancées, où les délits, vols latents et légaux, sont dénommés opérations de Bourse ou de Haute-Banque.

Et ici encore ils font preuve de progrès, progrès déplorable, il est vrai, mais efftectif cependant, lorsqu'on compare ces délits aux crimes sanguinaires qui sont l'apanage de peuples moins civilisés. Ils représentent dans la criminalité cette part que nous offrira l'époque future et qui commence à poindre aujourd'hui en Australie et dans l'Amérique du Nord ; dans tous les cas, ils ne sont jamais arrivés à la même criminalité méditée et sanguiuaire‘ démontrée par leurs ennemis dans le cas de Dreyfus, où non seulement ils ne reculent pas devant la calomnie, mais encore dans le faux et peut être l'assassinat ; le tout *ad Dei majorem gloriam ;* tous crimes qui, sans l'initiative d'un grand homme, E. Zola, seraient restés non seulement impunis, mais encore glorifiés et triomphants, et auraient laissé une tache déshonorante pire que tous les méfaits au front de la grande Nation Française.

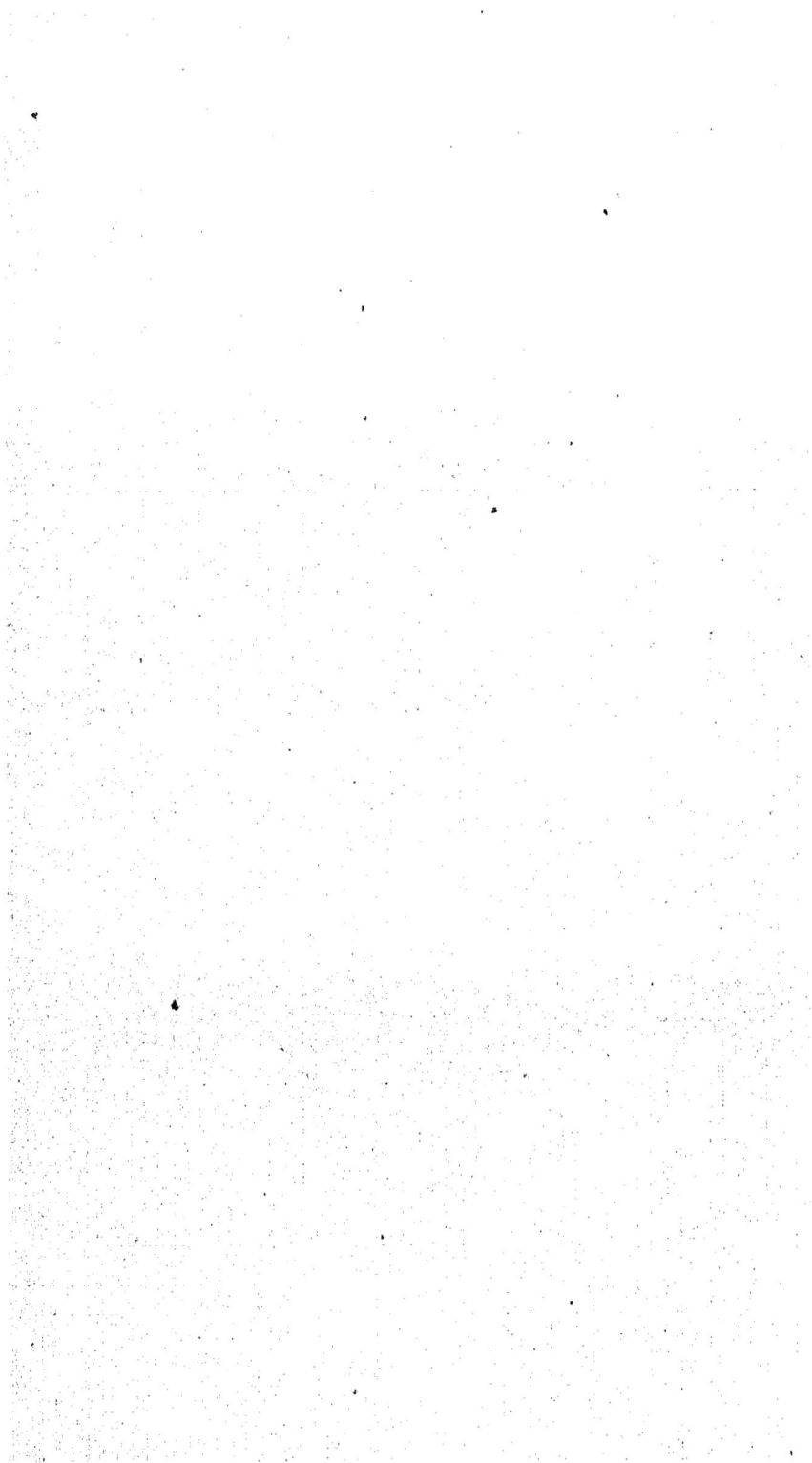

# CHAPITRE XI

Un philanthrope distingué mais philosémite abusé M. Birnbaum (1), a proposé de favoriser la colonisation des Juifs en Palestine. Il a trouvé des partisans en Autriche, a fondé des journaux, y a implanté des sociétés riches et nombreuses qui créèrent une douzaine de colonies. Depuis Th. Herzl et Max Nordau, reprenant cette idée, ont propagé le Sionisme dans le même but.

Or, quoiqu'on dise, on sait qu'une bonne partie de la Palestine est réduite à un désert qui n'est riche que de traditions et qui, à moins de gros capitaux, donnerait à peine de quoi vivre aux colons. C'est en outre un désert exposé à de fréquentes incursions de tribus à demi-sauvages, et d'ailleurs depuis que le supplice et la mort du Christ ont consacré cette terre aux adeptes d'autres religions, les chrétiens, les grecs, les schismatiques, les cal-

(1) Birnbaum, *Zionismus*, Vienne, 1893. — Linsker, *Autoemancipation*, Odessa, 1884.

vinistes, s'en disputent chaque lambeau. Et s'ils
vivent en paix en présence de l'apathique musulman, qui vit et laisse vivre, ils ne pourraient aussi
facilement s'accommoder de la domination juive,
qui, opposant son fanatisme au leur, ne ferait que
l'aviver, le centupler, et en profanerait l'élément
mystique par sa seule présence.

Il faut aussi songer que seule une petite partie
des Juifs, les Russes et les Roumains, pourraient
encore se sentir attirés vers ces terres, y songeant
peut-être d'une façon toute théorique comme Pé-
trarque songeait à sa Laure vingt ans après sa mort,
encore ces terres ne sont-elles plus leur patrie, et
ils seraient bien embarrassés si on les prenait au
mot. Ceux qui représentent l'esprit moderne dans
toute son essence refuseraient certainement de retourner à l'antique barbarie, (et quelle barbarie !)
qui règne encore en souveraine dans la Judée moderne.

Nous avons déjà fait observer plus haut, qu'au
point de vue anthropologique et moral, comme
sous le rapport de l'habillement et du langage, le
Juif s'est toujours modelé sur les nations chez lesquelles il vécut, prenant leurs mœurs; leurs coutumes et les conservant longtemps après : toujours il
s'est imbu de l'esprit dominant du pays, Et cet esprit qui le tint si longtemps à l'écart des idées des
pays nouveaux, les lui fit dans la suite adopter
d'autant plus tenacement après un long séjour.
C'est ainsi qu'en Italie, les juifs sont Vénitiens à

Venise, Piémontais dans le Piémont (voir plus haut). Comment feraient-ils aujourd'hui pour s'adapter à une nouvelle patrie, à la Judée ? Et comment pourraient-ils, quitter sans regret les terres qu'ils habitent, sans jamais songer à y retourner ? Pour ces raisons je n'accepterais le Sionisme que pour les Israélites auxquels on dénie stupidement une patrie et qui pour cela ont besoin d'en avoir et d'en aimer une ; mais cette patrie peut être conçue et réalisée sans idée de royaume de douane, etc., et en multipliant des centres commerciaux par émigration non seulement en Palestine, mais en Australie, en Amérique, etc.

Je pense qu'un des moyens et peut-être le plus sûr pour résoudre la question antisémite serait de désemcombrer ainsi les endroits où la population juive offre trop de densité, précisément comme on procède pour les épidémies. Toutefois il faudrait que ce dépeuplement ne contribue pas à ralentir le mouvement de la civilisation auquel les juifs prennent une si large part. Les renvoyer à cette terre ou pendant tant de siècles, ils ont fait si peu de progrès où ils n'ont pu subir la greffe ethnique et climatérique, où ils ne donnent des preuves que d'une civilisation encore problématique, ce ne serait certainement pas favoriser le progrès moderne, mais bien le retarder.

Quels agriculteurs pourraient faire ces courtiers, ces joailliers, ces cabaretiers et d'ailleurs quel ter-

rain agricole pourrait fournir ce désert rocailleux
de Palestine ? (1).

Avec la foi des Mormons, je le comprends, ils
feraient peut-être ce qu'ont fait ces derniers de
l'autre côté de l'Océan.

Mais chez le Juif la foi s'est allanguie comme chez
les autres peuples, il leur manque ce levier qui fait
des miracles, sans ajouter que les vrais croyants
sont toujours les moins instruits, et par suite les
moins habiles à féconder une terre si peu propice.

Si une émigration sérieuse devait avoir lieu, elle
devrait se faire vers des centres plus modernes,
vers l'Australie, l'Amérique du Nord ou du Sud.
On pourrait réserver seulement pour cette pseudo-
idyllique colonie de Palestine, ces fanatiques invé-
térés des terres slaves, qui se refusent à tout progrès, et songent encore sérieusement au royaume
de Sion.

Une mesure plus sûre, bien qu'antipathique aux
antisémites qui n'y trouveraient aucune satisfaction à leur haine, serait de donner la plus large
égalité politique aux Juifs.

Nous avons vu que leurs habitudes usuraires et
leurs tendances à une capitalisation excessive dis-

(1) Je dois confesser que les informations ultérieures sur les
colonies sionistes contredisent mes idées émises il y a quelques années, car on fait à présent de la vraie agriculture mo-
dernisée avec les machines perfectionnées des coopératives avec
des tendances collectivistes sans abandonner la culture intellectuelle plus large. (Das Welt, 18 mai), je suis heureux d'être
ici contredit par des faits.

paraissent là où il est permis aux Juifs d'entreprendre une autre carrière ; et en même temps dis-
paraissent les causes de jalousie, les dommages
que créent leurs professions.

La fusion se ferait peu à peu dans les pays les
plus antisémites comme elle s'est faite en Italie et
en Hongrie ; et les pays utiliseraient des trésors d'intelligence qui se perdent pour une simple question
de baptème.

Quand on songe aux grands hommes qu'ils ont
fournis en Allemagne dans les sciences médicales,
comme Traube, Conheim, Casper ; quand on songe
à la loi absurde qui ne permettait pas à un homme
de devenir simple professeur, par la seule raison
qu'il est de sang juif, comme si la théorie cellu-
laire différait enseignée par un juif ou par un protestant, et comme si le microtome donnait des cou-
pes différentes dans les mains d'un orthodoxe, on
peut se demander si nous ne sommes pas au-dessous du moyen âge sous bien des rapports !

Aux Juifs à leur tour à se persuader que beaucoup de leurs rites sont d'une autre époque et que
par leurs bizarreries surannées (jeûne, circonsi-
sion, par exemple), ils éveillent chez les profanes
une instinctive répugnance. Toutes les religions se
sont modifiées dans leur essence, non moins que
dans la forme ; pourquoi ne modifieraient-ils pas la
leur au moins par les pratiques extérieures ?
Pourquoi ne pas renoncer à la circoncision, cette
mutilation sauvage, à ces multiples fétiches de

7

l'Écriture Sainte dont ils éparpillent les passages
et les versets dans leurs maisons, qu'ils vont même
jusqu'à se lier sur le corps, comme des amulettes ;
sans songer qu'ils en sont restés à l'antique vénération qu'avaient les premiers hommes et qu'ont
encore les sauvages pour les formules écrites.

De même, qu'ils abandonnent aux étrangers
l'usage liturgique de l'hébreu, et se persuadent
que le bon Dieu saura comprendre leurs prières
en toute langue.

Si en outre, on facilitait les mariages, si on rendait communs les cimetières et les hôpitaux, les
divergences tomberaient d'elles-mêmes devant la
maladie, devant l'amour et devant la tombe et ainsi
se ferait la fusion commune qui, du moins de leur
côté, ne devrait pas rencontrer d'obstacles.

A leur tour, que les chrétiens aussi se souvien-
nent de la maxime, la plus chère au Christ, celle
du pardon, et en finissent une bonne fois de vouloir
venger, à l'encontre de sa maxime et sur des personnes innocentes son dur et unique martyre.

Si la civilisation va applanissant peu à peu les
divergences que créent la noblesse, la richesse, le
sang, pourquoi laisserait-elle subsister celles qui
viennent du fanatisme religieux !

Malheureusement l'antisémitisme et un phénomène atavique qui a pris racine dans les plus bas-
ses et les plus tristes passions de l'humanité, et je
crains qu'il ne se soucie peu des avis de la science,
et ne tienne aucun compte des progrès de la civi-

lisation, qui peuvent agir sur la raison, mais bien
peu sur les passions. Ajoutons que dans les gouvernements à base de suffrage universel, les couches inférieures tendent toujours à prévaloir ; ainsi
un Juif à mérite double aura toujours moins de
chance d'entrer dans un corps élu, qu'un noble qui
a encore pour lui le vieux respect de la noblesse
que les classes inférieures ont gardé des temps
féodaux. De même celui qui agitera le drapeau de
l'antisémitisme, fût-il un déséquilibré comme
Alhwardt, fût-il même plus exalté que lui, pourra
rencontrer un accueil favorable. La question se
trouve donc pour le moment dans une voie sans
issue. On ne pourrait faire exception que pour les
pays du nord, où la phase épidémique, actuelle-
ment en pleine crise aiguë, peut être appelée à disparaître comme disparaît toute forme aiguë dans
les épidémies intermittentes.

Je crois que la vraie et la seule solution serait
une entente entre juifs et chrétiens, qui s'élevant
d'un même accord au-dessus des préjugés communs, convergeraient vers une religion nouvelle,
qui ne serait ni celle du vatican, ni l'ancienne religion judaïque, qui respecterait les découvertes
scientifiques, prenant cette fois pour étendard les
nouvelles idées sociologiques que le Christ avait
déjà mises à jour et formerait en un mot un Néo-
Christianisme socialiste où pourraient se grouper
sans rougir et en toute liberté, d'un côté les juifs
dépouillés de leurs vieux rites, de l'autre les chré-

tiens débarrassés de leurs haines et superstitions anti-scientifiques.

Il est vrai que l'émotion étant la base de la religion, notre indifférence actuelle rend difficile la création d'une nouvelle, et ne permet guère aux anciennes de s'étendre ; toutefois chez les races du nord, du moins chez l'anglo-saxonne, la passion et par conséquent la foi religieuse ne sont pas éteintes.

Pour nos races il faut songer aux nouvelles doctrines socialistes à l'état naissant, qui, semblables aux religions nouvelles, contribuent déjà dans certaines régions à faire disparaître bien des causes de délit, en développant chez les nouveaux adeptes des éléments de solidarité ; et suscitant partout un idéal nouveau, un nouveau fonds d'émotivité qui, trouvant un aliment dans les aspirations des gens pauvres et exploitées vers un sort meilleur, pourraient favoriser la formation d'une nouvelle religion et dissiper les sanguinaires vapeurs de l'antisémitisme et de l'anarchie.

Enfin les récentes découvertes sur l'hypnotisme, le spiritisme et la médiumnité qui nous laissent chaque jour entrevoir de nouveaux horizons inexplorés, semblent faites pour préparer cet ensemble de faits merveilleux et peu compréhensibles qui ont été toujours la base de tout culte nouveau. Et pour la première fois peut-être on verrait sur ce point les savants faire cause commune avec les masses.

# APPENDICE I

Je dois à la bienveillance du professeur Ottolenghi d'avoir pu prendre quelques mesures anthropométriques sur une centaine de Juifs, tous normaux et âgés de plus de **21** ans. Ce travail de comparaison m'a été facilité par les études si précises de Marro (*Caratteri di delinquanti*, 1887) et du professeur Ottolenghi « *Torinesi normali.* »

1°) *Taille.* — La taille des Juifs de Turin a donné une proportion inférieure à la moyenne des turinois catholiques.

Ils ont présenté une moyenne de **1,633** tandis que chez les Turinois la moyenne était de **1,651**.

Ils étaient ainsi répartis :

| | | | | | |
|---|---|---|---|---|---|
| 1.530 | dans la proportion de | 6 0/0 — | Turinois chrétiens | 6 0/0 |
| 1.570 à 1.69 | » | 80 0/0 — | » | 65 0/0 |
| 1.700 et plus | » | 11 0/0 — | » | 28 0/0 |

L'infériorité, comme on le voit, est très nette et de plus de moitié dans les hautes tailles, les moyennes sont réparties selon des proportions à

peu près analogues, et les rapports sont presqu'é-
gaux pour les plus petites.

2°) *Couleur des cheveux*. — Quant à la couleur
des cheveux, si on s'en tient à une comparaison
avec les proportions trouvées sur un grand nombre
de catholiques turinois (900) les Juifs fourniraient
des données à peu près égales :

| Juifs turinois | Chrétiens turinois | |
| | Ottolenghi | Marro |
| (103) | (900) | (95) |
| Châtains.... 64 0/0 | 67 0/0 | 27 0/0 |
| Noirs....... 32 0/0 | 29 0/0 | 39 0/0 |
| Blonds..,... 4,8 0/0 | 4 0/0 | 30 0/0 |

Toutefois, si on s'en rapporte aux chiffres plus
restreints de Marro, les chrétiens forniraient un
plus grand nombre de blonds, et par contre un
nombre inférieur de noirs et de châtains.

3°) *Couleur des yeux*. — Quant à la coloration
de l'iris, les Juifs fourniraient plus d'yeux noirs
et moins d'yeux bleus :

| Turinois catholiques (900) | Juifs turinois (103) |
| Châtain-noir....... 63,9 0/0 | 72 0/0 |
| Bleus et gris....... 36,1 0/0 | 28 0/0 |

4°) *Crânes*. — Les mesures de l'indice céphalique faites sur une large échelle chez les Juifs de
Turin, donnant chez ces derniers par rapport aux
Chrétiens un nombre égal de brachycéphales purs
et de mésaticéphales ; les Juifs dolichocéphales

seraient près de trois fois plus nombreux, et les
ultra-brachycéphales cinq fois moins.

Ainsi :

| | Juifs turinois | | Chrétiens turinois |
|---|---|---|---|
| Dolichocéphales .... | 25 0/0 | | 10 0/0 |
| Brachycéphales..... | 71 0/0 | | 74 0/0 |
| Ultrabrachycéphales. | 4 0/0 | | 20 0/0 |

Pour faire comprendre combien diffèrent les
Juifs des Sémites il suffit de rappeler que la dolichocéphalie en Sardaigne, par l'unique prédominance de l'élément sémite atteint la proportion de
94 0/0 avec un indice de 74, les brachycéphales
restant à 6 0/0 avec un indice de 80 (Calori).

D'un autre côté si la comparaison porte sur des
subdivisions plus détaillées, nous constatons une
différence plus grande chez le Juif, quant à l'indice céphalique :

| | | | Juifs turinois (101) | Chrétiens turinois (95) |
|---|---|---|---|---|
| Indice céphalique de 70 | à 75 | | 2 0/0 | 1,0 0/0 |
| » | » 75 | à 79,77 | 7 0/0 | 0 0/0 |
| » | » 77,78 | à 80 | 16 0/0 | 9,0 0/0 |
| » | » 80 | à 83 | 27 0/0 | 11,0 0/0 |
| » | » 83 | à 85 | 25 0/0 | 21,0 0/0 |
| » | » 85 | à 8,98 | 19 0/0 | 42,1 0/0 |
| » | » 89 | à 92,4 | 4 0/0 | 20,0 0/0 |

On voit par le tableau ci-dessus, que chez les
catholiques ces indices se groupent surtout sur des
moyennes de 80 à 88, avec un très petit nombre
de dolichocephales ; chez les Juifs, prédominance

semblable, en notant toutefois un nombre trois fois plus petit d'ultrabrachycéphales, et huit fois plus grand de dolichocéphales, et une distribution plus égale qui ressort d'autant mieux si l'on prend chaque indice en particulier.

En effet, l'indice céphalique de 95 Turinois et de 112 Juifs turinois, a donné :

|     | Turinois | Juifs |
| --- | --- | --- |
| 71 | 0 | 1 |
| 72 | 0 | 2 |
| 74 | 1 | 0 |
| 75 | 0 | 1 |
| 76 | 0 | 2 |
| 77 | 2 | 4 |
| 78 | 5 | 5 |
| 79 | 2 | 10 |
| 80 | 5 | 5 |
| 81 | 4 | 13 |
| 82 | 7 | 15 |
| 83 | 10 | 11 |
| 84 | 10 | 11 |
| 85 | 6 | 9 |
| 86 | 7 | 8 |
| 87 | 6 | 6 |
| 88 | 11 | 2 |
| 89 | 6 | 3 |
| 90 | 4 | 2 |
| 91 | 3 | 1 |
| 92 | 3 | 1 |
| 93 | 3 | 0 |

Dans ces **22** catégories les Turinois se présentent 4 fois avec *0* et le Juif **2** fois seulement.

En considérant toutes les autres mesures crâniennes (voir tableau crânéométrique) on peut résumer de la façon suivante selon qu'ils se présentent avec *0* ou avec *1* :

|            | DT  | DL   | Circ. | CT   | CL   |     |      |
|------------|-----|------|-------|------|------|-----|------|
| Juifs......... | $17^0$ | $16^0$ | $19^0$ | $11^0$ | $12^0$ | $=$ | $75^0$ |
| Juifs......... | $5^1$ | $11^1$ | $14^1$ | $17^1$ | $24^1$ | $=$ | $71^1$ |
| Chrétiens..... | $5^0$ | $9^0$ | $14^0$ | $33^0$ | $29^0$ | $=$ | $90^0$ |
| Chrétiens..... | $9^1$ | $19^1$ | $14^1$ | $3^1$ | $11^1$ | $=$ | $56^1$ |

Tout de suite on voit que le plus grand nombre des données manquantes (avec 0), ou rares (avec 1) se groupe surtout chez le catholique, sur la courbe transversale et longitudinale et sur la circonférence ; tandis que les diamètres donnent un nombre inférieur. Mais si nous établissons la proportion (les catholiques étant de 94 et les juifs de 82) la donnée 0 est chez les juifs de 94 0/0 et chez les chrétiens de 90 ; celle de 1 est de 77 0/0 chez les juifs et de 176 0/0 pour les chrétiens.

Ces faits ressortiraient davantage si on adoptait les classifications de Sergi. On verrait alors que l'indice céphalique est insuffisant pour déterminer le caractère ethnique : chez les Juifs, en effet, prédominent les crânes élipsoïdes, ainsi que ceux que Sergi appelle birsoïdes. Viendraient ensuite ceux qu'il appelle pentagonaux, et les ovoïdes se rencontreraient également, comme nous le ver-

7.

rons (App. III) en étudiant la *Sphenodeles latus* et
les *Sphenoïdes oblungus*, types semblables à ceux
trouvés chez les Aryens les plus purs.

Toutes ces variétés apparaissent plus nettes dans
la physionomie, où on rencontre tantôt le type que
j'appellerai égyptien, prognate allongé et presqu'équin : tantôt le prognate combiné à l'eurignate,
et enfin l'eurignate pur qu'on rencontre si souvent
dans le Piémont. De même se rencontrent par
groupes les cheveux roux, les cheveux blonds, les
cheveux noirs luisants du pur Sémite et de l'Assy-
rien ; tantôt enfin, les cheveux crépus et laineux
du Chamite, mais la couleur prédominante est
toujours celles des pays où les Juifs séjournent
depuis longtemps.

J'ai fait avec Ottolenghi cette remarque, qui
pourrait paraître étrange, que les Juifs de Turin,
issus de familles qui avaient autrefois séjourné
dans les petits centres peu éloignés de Turin,
comme Carmagnole, Chieri, Casale, présentent un
type spécial quant au visage et au crâne ; d'où
l'on peut affirmer sans crainte de se tromper que
ce caractère de grande ténacité, qui les portait à
vivre à part, et qu'on retrouve dans leurs tendances morales et intellectuelles a marqué également son empreintes sur les caractères crâniens.

Et ici il faut en chercher la preuve dans la
greffe climatérique et ethnique. C'est que partout
où ils sont demeurés longtemps, spécialement en
Egypte, en Syrie et en Judée, ils s'approprièrent

quelques caractères ethniques de ces pays qui aujourd'hui se reproduisent chez eux par atavisme, comme chez l'âne et le mulet se retrouvent encore les traits spéciaux de leur ancêtre commun.

Ce morcellement, cette différenciation du type, nous donne une autre raison de leurs progrès plus rapides en comparaison des peuples ambiants, quand leur richesse de sang sémite qu'on retrouve encore de nos jours par le nombre double de dolichocéphales devrait justement être une cause d'infériorité.

Quant à la capacité crânienne la moyenne chez les Juifs donne 1566, chez les Turinois 1574. Cette infériorité est due à un nombre inférieur de capacités très fortes ; elle se trouve en rapport avec le nombre moindre de tailles élevées, de trochocéphales et hydrocéphales (à crâne plus volumineux).

Dans les volumes inférieurs, ils fournissent à peu près la même proportion que la population turinoise. Les capacités moyennes (1500 à 1550) sont en revanche plus nombreuses chez les Juifs ; il en est de même pour les capacités moyennes élevées (1550 à 1579).

| Capacités | | | Juifs turinois (100) | Chrétiens turinois (100) |
|---|---|---|---|---|
| 1422 — 1469 = 5 | 0/0 | } | 7,5  0/0 | 7,8 0/0 |
| 1470 — 1499 = 2,5 | 0/0 | | | |
| 1500 — 1539 = 16,25 | 0/0 | } | 33,75 0/0 | 23,7 0/0 |
| 1530 — 1549 = 17,5 | 0/0 | | | |
| 1550 — 1579 = 21,5 | 0/0 | } | 39,0  0/0 | 25,0 0/0 |
| 1580 — 1599 = 17,5 | 0/0 | | | |
| 1600 — 1630 = 17,5 | 0/0 | | 17  0/0 | 41  0/0 |

Si les capacités moyennes, et les capacités un
peu supérieures à la moyenne se trouvent en plus
grand nombre chez les Juifs, cela n'est certainement dû qu'aux occupations intellectuelles plus
fréquentes qui augmentent la capacité crânienne ;
les cent Juifs turinois dont nous avons pris les
mensurations, appartiennent presque tous à des
classes moins cultivées. En tous cas, là aussi se voit
une différenciation plus grande, chaque catégorie
moyenne présentant des proportions relativement
plus élevées.

De l'ensemble de ces données, il ressort donc
chez le Juif une notable analogie avec les populations environnantes sauf une plus grande abon-
dance de dolichocéphales une plus grande rareté
de blonds et de capacités crâniennes exagérées, et
une différenciation plus grande dans les formes
crâniennes, due probablement aux greffes ethniques et successives dont nous avons parlé plus haut.

Les mesures moyennes de cinq juifs vénitiens,
comparées à celles prises chez 10 catholiques de
la même ville ont donné les différences suivantes :

| | Juifs m. m. | Catholiques m. m. |
|---|---|---|
| Circonférence horizontale........ | 580 | 569 |
| Courbe longitudinale........... | 385 | 343 |
| Courbe transversale ........... | 320 | 300 |
| Largeur du front............... | 160 | 156 |
| Diamètre longitudinal.......... | 210 | 196 |
| Diamètre transversal........... | 169 | 153 |
| Total....... | 1664 | 1561 |
| Indices...... | 75 | 79 |

Il résulterait de ces mesures une grande différence entre l'indice céphalique qui donne chez le
Juif un plus grand nombre de dolichocéphales et
la capacité cérébrale plus grande, mais leur petit
nombre même leur enlève leur valeur, d'autant
plus que nous voyons par les chiffres ci-dessus pris
chez les Turinois que cette prédominence dans la
capacité cérébrale, ne peut être constatée lorsqu'elle est étudiée sur une large échelle.

J'ai observé que les Juifs, les plus nettement
dolichocéphales, étaient ceux qui s'adonnaient plus
spécialement au commerce ; les brachicéphales et
les blonds se rencontrent plus spécialement chez
les artistes et ceux qui s'adonnent aux professions
libérales.

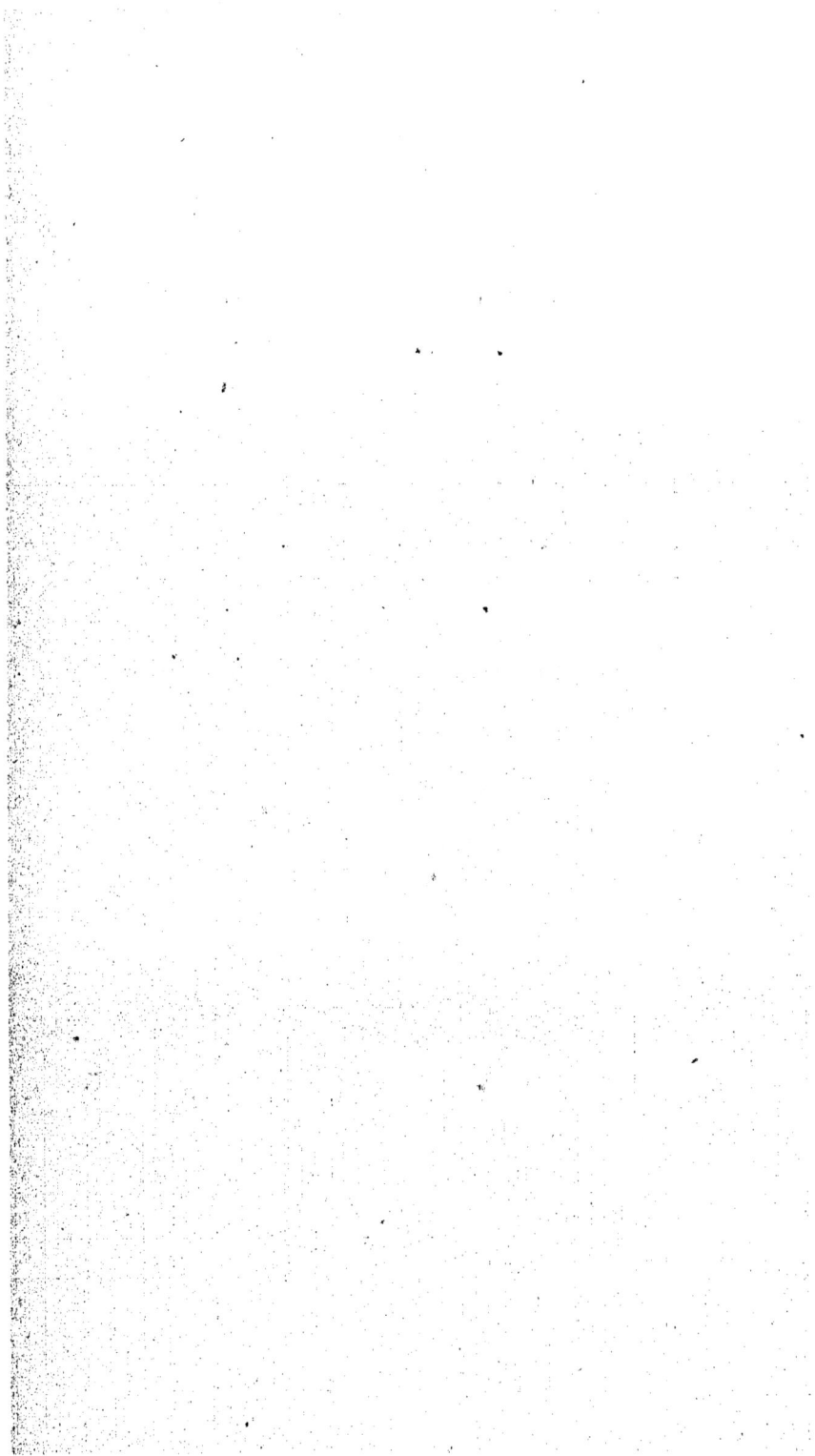

# APPENDICE II.

Les juifs diffèrent-ils des autres peuples au point de vue de la mortalité et des maladies ?

Oui, si on s'en tient aux études faites en Hongrie en France, en Allemagne, en Hollande.

A Amsterdam la mortalité des enfants de un à cinq ans est de :

> 8,85 sur 1000 juifs.
> 11,52 » » chrétiens.

des hommes de **20 à 50** ans de :

> 3,06 sur 1000 juifs.
> 5,98 » » chrétiens.

En Prusse, on note :

> 1 naissance sur 25 chrétiens.
> 1 » » 28 juifs.
> 1 mort sur 34 chrétiens.
> 1 » » 40 juifs.

A Furth :

> 1 naissance sur 29 chrétiens.
> 1 » » 35 juifs.
> 1 mort-né sur 19 chrétiens.
> 1 » » » 34 juifs.

A Francfort :

Chez les enfants de 1 à 5 ans.
12,9 morts sur 100 enfants juifs.
24,1    »    »    100    »    chrétiens.

Sur 100 individus 54 juifs atteignent 50 ans, 27 atteignent 70 ans, tandis que chez les chrétiens 30 seulement vont à 50 ans et 13 à 70.

Un quart des chrétiens ne vivent que 6 ans et demi tandis qu'un quart des juifs vont à 28 ans et 3 mois, 50 pour 100 des chrétiens meurent à 36 ans, 50 p. 100 des juifs meurent à 53 ans et 6 mois.

Sur 100 commerçants de Francfort âgés de plus de 20 ans, 50 chrétiens meurent avant 57 ans, 50 juifs meurent avant 61 ans.

A Bude, la vie moyenne était de 26 ans pour les chrétiens, de 37 pour les juifs. Les juifs de 1 à 50 ans perdent un dixième ; les chrétiens le 14 pour 100, 50 pour 100 des chrétiens originaires de cette ville sont morts à 30 ans, le 50 0/0 des juifs à 50 ans ; ceux-ci ont présenté une plus grande proportion de morts à un âge avancé, par exemple le 8 p. 100 entre 85 et 90 ans, tandis que pour le même nombre d'années les chrétiens n'offrent que 2,4 0/0. — 12 0/0 des juifs sont morts de 60 à 70 ans et 9,8 chrétiens seulement.

On a noté dans cette ville que les juifs sont plus réfractaires aux fièvres intermittentes, moins sujets aux pneumonies, aux convulsions, aux bronchites chez les enfants que les indigènes ; en revanche ils seraient plus sujets que ces derniers aux catarrhes intestinaux et aux hernies.

Legoyt a aussi remarqué en France que la moyenne de la vie était plus grande chez les juifs (1).

Aucune étude n'avait été faite sur ce thème en Italie, et il y a quelques années seulement, que j'ai pu la commencer grâce à l'aide intelligente de mon excellent ami J. Pardo de Vérone. Lorsqu'après plusieurs années d'exil je fus de retour dans ma ville natale, il a bien voulu gracieusement mettre à ma disposition une série de documents, sur la cause des décès qui se sont succédés du 1ᵉʳ janvier 1855 à la fin de décembre 1864.

Voici un tableau d'ensemble de cette étude :

**Résumé des naissances et des morts du 1ᵉʳ janvier 1855 à fin décembre 1864**

| Années | Total des présents | Hommes depuis l'âge de 7 ans morts | Femmes depuis l'âge de 7 ans morts | Garçons jusqu'à l'âge de 7 ans morts | Filles jusqu'à l'âge de 7 ans morts | Totaux morts | Totaux nés |
|---|---|---|---|---|---|---|---|
| 1855 | 1.210 | 13 | 19 | 11 | 5 | 48 | 41 |
| 1856 | 1.224 | 7 | 7 | 5 | 3 | 22 | 29 |
| 1857 | 1.241 | 6 | 6 | 3 | 3 | 18 | 40 |
| 1858 | 1.259 | 9 | 4 | 3 | 2 | 18 | 29 |
| 1859 | 1.261 | 12 | 9 | 4 | 5 | 30 | 30 |
| 1860 | 1.315 | 7 | 6 | 6 | 3 | 22 | 32 |
| 1861 | 1.340 | 11 | 9 | 5 | 5 | 30 | 30 |
| 1862 | 1.346 | 4 | 13 | 4 | 5 | 26 | 29 |
| 1863 | 1.327 | 13 | 6 | 2 | 6 | 27 | 36 |
| 1854 | 1.282 | 11 | 6 | 8 | 6 | 31 | 24 |
| Totaux.. | 12.805 | 93 | 85 | 51 | 43 | 272 | 320 |

(1) V. ann. d'Hygiène avril 1861. Meyer, *Ueber die abens Wartung der Israelites* Bevolk, 1865.

Il résulte de ce tableau que le nombre des morts chez le juif (272) est sensiblement plus petit que celui des naissances (820).

Cet ensemble semble établir une différence tranchée entre leur mortalité et celle des catholiques dans la même ville où la moyenne en dix ans a été de 2.155 morts et de 1.957 naissances par conséquent avec une infériorité notable pour ces dernières.

Si on compare ce chiffre au total de la population dont les résidents donnent une moyenne de 52.829, nous aurons chez les catholiques une mortalité de 4 0/0 et chez les juifs de 2 0/0, c'est-à-dire inférieure de moitié.

Ce résultat coïncide assez bien avec les observations faites à l'étranger; mais est-il par le fait aussi probant que cela pourrait paraître à première vue ?

Je crois que non.

On voit, en effet, dans les premières colonnes que la mortalité des enfants est bien inférieure à celle des adultes.

Sur mille juifs nés viables, il en meurt 217 avant 7 ans, pas même le quart; sur mille chrétiens nés dans les mêmes conditions il en meurt 453 avant la 7° année, presque la moitié par conséquent. D'autres calculs établis sur une période de huit années, 1843, 44, 45, 46, 47, 48, 49, 1850 ont donné, sur 26 343 catholiques décédés 16.027 morts avant 7 ans, plus de 60 0/0, tandis que sur 272 juifs décédés, 94 seulement sont morts avant 7 ans, ce qui donne 30 pour 100.

Les enfants qui donnent la plus grande mortalité sont justement les enfants illégitimes. Je n'en ai compté que 14 chez les juifs, c'est-à-dire le 1 0/0, tandis que chez les catholiques ils s'élèvent au 20 0/0 sur le total de la population. Le nombre des juifs illégitimes est trop faible pour être vé-ritable.

En effet, l'illégitimité chez les catholiques comme chez les juifs, a sa source dans des causes géné-rales et identiques, telles que les préjugés sociaux qui veulent qu'une femme se déshonore parce qu'elle se donne avant le mariage, l'instinct sexuel qui est peut-être encore plus grand chez les juifs, enfin toutes les entraves à l'éducation des enfants illégitimes.

Seule cette dernière cause manquerait chez les juifs — mais suffirait-elle à expliquer l'énorme dif-férence de statistique. Je ne le crois pas.

Certainement beaucoup de juifs étaient autrefois déposés dans les tours (abolis aujourd'hui) ; or, le nombre de ces juifs illégitimes abandonnés aug-mente d'autant la proportion des catholiques, et fait disparaître dans la statistique une source de mortalité pour les juifs.

La différence entre ces données est donc plus ap-parente que réelle ; je crois aussi que la même con-sidération doit être envisagée chez les autres nations qui par rapport aux juifs ont fourni aux statisticiens,

une mortalité plus grande et une vie moyenne
moins longue ; résultat probablement dû à ce qu'on
n'a pas tenu compte des bréphotrophes (crèches). En effet, toutes les statistiques que nous
avons citées plus haut, s'accordent avec cette observation que les juifs ont moins d'enfants que les
chrétiens, par rapport à la population et aux mariages ; ainsi en Prusse le rapport des naissances
avec la population est de 1/25 chez les chrétiens,
de 1/22 chez les juifs ; à Furth il y a une naissance
sur 29 chrétiens et une sur 34 juifs, etc.

Cette observation serait en contradiction avec ce
fait que les populations sémites sont plus fécondes
que les aryennes, et ne peut s'expliquer que par
l'omission des enfants illégitimes juifs qui contribuent à augmenter le nombre des catholiques.

Voici encore une autre preuve de mon assertion ;
Lorsqu'on a fait l'étude de la mortalité dans les
deux races, et qu'on a tenu compte des différences
constatées suivant les différents âges, on a trouvé
comme dans mon cas, la différence dans la mortalité fournie par des individus ayant à peine vécu,
qui sont précisément des illégitimes. Ainsi à Amsterdam, Stockvis observe que la mortalité des non
israélites de moins d'un an, est double de celle des
israélites, tandis qu'au contraire de 1 à 4 ans elle
est bien inférieure (5 sur 1000 juifs, 3 sur 1.000 chrétiens). La même observation a été faite à Francfort
(voir plus haut) où la mortalité des enfants au des-
sous de 5 ans se trouve double pour les chrétiens.

De même en Prusse le minimum de la mortalité juive a surtout été constatée chez les nouveaux nés.

En revanche, la mortalité des juifs adultes en Italie (1) est bien plus grande que celle des catholiques ; elle atteint en effet 65 0/0 morts tandis que celle des catholiques donnent seulement 39 0/0.

. Ces chiffres doivent cependant être atténués par la plus grande proportion de décès de vieillards.

Sur 178 adultes juifs 86 sont morts après 60 ans.

2 dépassèrent 90 ans,
17 » 80
33 » 70
34 » 60

Les vieillards comptant pour 48 0/0 dans la mortalité des adultes. Les deux nonagénaires et 11 sur 17 octogénaires appartenaient au sexe féminin.

Or, chez les catholiques :

4 ont dépassé 100 ans
77 » 90
656 » 80
1.686 » 70
1.744 » 60

en tout 4.167 ce qui donne le 40 0/0 de la mortalité chez les adultes, chiffre bien inférieur à celui des juifs et qui n'est pas suffisamment compensé par les centenaires et le nombre supérieur des nonagénaires.

(1) 10.323 morts adultes sur 26.343 total des morts.

Cette différence est probablement due aux soins plus grands des juifs pour leur santé, à l'aisance plus grande du prolétaire juif, à ce qu'ils évitent les métiers dangereux ; aux soins médicaux à domicile bien plus efficaces que ceux des hôpitaux qui loin de diminuer les causes de mortalité en ajoutent, à celles déjà si nombreuses qui fondent sur le malheureux prolétaire, par la trop grande accumulation de malades dans des lieux enfermés.

Les femmes nous ont donné (surtout les jeunes filles) une mortalité moindre que les hommes. Les deux nonagénaires étaient précisément deux femmes, et chez les octogénaires on a compté onze femmes. Ce fait s'explique par la vie plus aisée, moins exposée aux dangers, et s'est aussi observé dans la population catholique de Vérone.

Les naissances donnent également un nombre inférieur de filles chez les juifs, le rapport est de 607 contre 720 du sexe masculin, mais cette différence se rencontre également chez les catholiques qui donnent une moyenne de 26.000 filles contre 26.329 garçons.

C'est le contraire qui a été observé en Prusse où à l'inverse des données fournies par les populations catholiques, les femmes sont dans une proportion de 103,37 contre 100 hommes.

La cause de cette disproportion dans les deux sexes, est probablement due au climat et à l'alimentation et non à la race, bien qu'il soit utile de rappeler que chez les juifs de Vérone cette disproportion est un peu moindre que chez les catholiques.

Quant aux causes des décès, je les ai trouvées ainsi distribuées pour les 94 enfants et les 178 adultes.

| | |
|---|---|
| Affections cérébrales | 20 |
| » intestinales | 15 |
| Dentition | 8 |
| Naissances avant terme | 8 |
| Scarlatine et rougeole | 7 |
| Vers intestinaux | 5 |
| Rachitisme | 3 |
| Fièvre typhoïde | 3 |
| Croup | 3 |
| Maladies cardiaques | 3 |
| Bronchites | 2 |
| Sclérème | 2 |
| Tuberculose | 1 |
| Œdème | 1 |
| Impaludisme | 1 |
| Asphyxie | 1 |
| Syphilis | 1 |
| Causes inconnues | 8 |

Telles ont été les causes de la mort des 94 enfants.

On peut voir nettement par ce tableau des différences entre les causes de décès des enfants catholiques qui donnent le 6 0/0 de morts par rachitis et des juifs qui donnent à peine 1 0/0.

L'accouchement prématuré a donné 5 0/0 de morts chez les catholiques, et plus de 8 0/0 au contraire chez les juifs. Cette différence est probablement due aux mariages précoces en usage chez eux.

Les affections cérébrales au contraire, éclampsie, méningite, sont plus fréquentes chez les enfants juifs que chez les catholiques ; peut-être pour la même cause qui les rend plus fréquentes chez les juifs adultes : le plus grand développement, et l'activité plus grande du système nerveux.

Le sclérème au contraire et la rougeole se trouvent en moindre proportion que chez les catholiques, ce qui est en rapport avec l'absence des bréphotrophimus, qui offrent un vaste champ à l'épidémie.

Les causes de mortalité chez les 178 adultes sont les suivantes :

| N°. d'ordre | Maladies | Total | Hommes | Femmes |
|---|---|---|---|---|
| 1 | Affections cérébro-spinales (1).... | 35 | 16 | 19 |
| 2 | »  intestinales et f. typhoïde (2) | 28 | 14 | 14 |
| 3 | Inflammations aiguës des organes respiratoires ................. | 18 | 11 | 7 |
| 4 | Affections cardiaques........... | 16 | 12 | 4 |
| 5 | Catarrhes séniles............... | 16 | 8 | 8 |
| 6 | Tuberculose pulmonaire ......... | 11 | 6 | 2 |
| 7 | Hépatites (?).................... | 11 | 8 | 3 |
| 8 | Squirrhe et cancer (3).......... | 9 | 4 | 5 |
| 9 | Choléra ....................... | 7 | 2 | 5 |
| 10 | Phlébite (?) ................... | 7 | 2 | 5 |
| 11 | Hydro-thorax.................. | 5 | 4 | 1 |
| 12 | Fièvre miliaire................ | 3 | 1 | 2 |
| 13 | Fièvre puerpérale............. | 2 | » | 2 |
| 14 | Scarlatine ....... ....c....... | 2 | 1 | 1 |
| 15 | Maladies mentales (4)........... | 2 | 1 | 1 |
| 16 | Suicide (5).................... | 2 | 2 | » |
| 17 | Fièvre rhumatismale ........... | 1 | » | 1 |
| 18 | Gangrène..................... | 1 | » | 1 |
| 19 | Variole...................... | 1 | » | 1 |
| 20 | Carie costale ................. | 1 | 1 | » |
| | Total............ | 178 | 93 | 85 |

Par ce tableau on voit facilement les différences avec les maladies prédominantes dans la population catholique adulte. Tandis que les affections cardiaques représentent à peine le 4 pour 100 des décès dans la population catholique, chez les juifs

(1) Apoplexie, méningite, myélite, etc.
(2) 19 f. typhoïdes.
(3) 2 tumeurs de l'utérus.
(4) 1 décès par hydrothorax, 1 par marasme.
(5) Militaires allemands.

8

elle représente plus de 9 pour 100. Cette prépon-
dérance peut s'expliquer :

1º Par les habitations élevées, à plusieurs étages
(7 ou 8) qui forment la rue la plus peuplée des
juifs, et qui constituent pour eux une sorte de
montagne artificielle, ayant tous les inconvénients,
sans les avantages des pays de montagne.

2º Par la supériorité numérique des vieillards,
plus nombreux chez eux, comme nous l'avons vu,
que chez les catholiques ; or on sait que les maladies de cœur sont un apanage de la vieillesse.

3º Par une exaltation plus grande de la sensibi-
lité. L'anxiété d'arriver, de dépasser les autres, de
réagir, de maîtriser les circonstances et les faits,
propre aux races opprimées, qui devient chez elles
une seconde nature, et qui, en leur procurant souvent la force et les moyens de réussir, produit par
contre-coup des lésions de l'organe le plus sensible
aux passions.

Ces raisons nous expliquent également pourquoi
ces maladies se rencontrent moins fréquemment
chez les femmes (4-12). Chez elles en effet les passions s'agitent sur des confins plus modestes et ont
presque un terme dans le mariage.

Des raisons analogues expliquent la fréquence
plus grande de l'apoplexie, des névralgies, et autres
maladies nerveuses, chez les juives, affections qui
dans la population ordinaire représentent le 8 0/0
des décès, et qui sont ici pour plus du 19 0/0.
Qu'on ajoute à cela comme adjuvant à ces affec-

tions l'usage des mariages consanguins si fréquents chez les juifs. Le plus grand développement et la fatigue plus grande du système nerveux, y contribuent encore, aucun juif n'étant adonné aux travaux purement manuels et la plupart exerçant des professions qui exigent une activité spéciale.

J'ai en effet constaté que quelques-uns d'entre eux, qui, grâce à la louable initiative de mon excellent ami le docteur Calabi et plusieurs autres, s'étaient adonnés aux arts mécaniques, et y avaient même montré une certaine habileté, les abandonnèrent dès que des conditions favorables leur permirent de reprendre leur commerce ; semblable en cela aux Groënlandais qui abandonnent les chambres bien chauffées des villes pour retourner à leurs tannières gelées.

Cette tendance native aux exercices intellectuels, et spécialement aux spéculations commerciales, résulte du développement plus grand du cerveau, et aussi des conditions dans lesquelles les juifs se sont trouvés pendant si longtemps ; peut-être enfin faut-il invoquer cette habitude héritée de leurs ancêtres les Phéniciens, avec qui ils avaient de commun l'origine, la langue, les habitudes et par suite les penchants.

Les maladies aiguës de poitrine qui fournissent le 50 0/0 des décès chez les catholiques, n'atteignent chez les juifs que le 8 ou 9 0/0. Ça s'explique justement par les professions peu fatiguantes non exercées au grand air, et qui par suite n'exposent pas aux refroidissements subits ; et remarquons en passant que c'est précisément à cause de cela que les femmes y sont moins sujettes que le shommes.

Au contraire la tuberculose en décime un nombre à peu près égal (5 0/0 chez les juifs, 7 0/0 chez les catholiques), et ce n'est pas étonnant quand on pense aux conditions d'habitation des juifs pauvres, accumulés pendant des années dans des chambres étroites, obscures, sales, poussiérieuses, occupés à des métiers qui exposent parfois à l'inspiration de poussières organiques ; et si le chiffre de mortalité en est moins élevé que celui des catholiques, il faut l'attribuer à la solide alimentation animale dont font usage aussi bien les pauvres, et au peu de fréquence des pneumonies.

Comme cause de mort, le cancer et le squirrhe se sont présentés deux fois plus souvent que chez les catholiques (2 p. 100), les femmes y ont été plus exposées que les hommes. Cette plus grande fréquence du cancer coïncide très bien avec celle de la tuberculose, et corrobore les rapports que Concato lui trouvait avec la phtisie. Les maladies intestinales ont produit un plus grand nombre de décès que chez les chrétiens ce qui concorde parfaitement avec ce que Glotter a rencontré en Hongrie. Je ne puis en trouver une explication plausible que dans l'accumulation de juifs pauvres dans des locaux restreints mal aérés, cause fréquente de typhus, et peut-être aussi dans l'usage de mets trop gras non conformes à nos climats tempérés.

On pourrait aussi noter (si toutefois on peut se fier aux diagnostics) la grande quantité d'hépatites qui représentent presque le 5 0/0 des décès. Au cas où ces données seraient exactes, cela s'expliquerait assez bien par le développement plus considérable du foie, qui est le propre de toutes les races méridionales et par suite du juif.

Le nombre des maladies puerpérales est très faible chez le juif (1 0/0) et plus grand chez les catholiques (4 0/0), sans doute grâce aux soins plus grands données aux accouchées indigentes et surtout à l'absence des institutions de maternité où les maladies épidémiques étaient si fréquentes.

A noter le petit nombre de suicides, 2 et ce qui est plus curieux deux militaires étrangers à la ville. Cette fréquence moindre des suicides s'explique par la crainte religieuse, plus tenace peut-être chez le juif, par cet instinct de conservation plus grand chez lui que chez les autres races.

Considérons enfin que nous n'avions pu relever de cause de décès par traumatisme. Ce fait serait toutefois d'accord avec ce qui a été trouvé à Berlin et à Paris par Legoyt.

A noter aussi le nombre de décès par choléra qui atteint presque 4 0/0, il est presque tout à la charge des femmes. J'insiste sur ce point parce qu'il démontre que la prétendue immunité des juifs pour le choléra est fausse ; qu'elle est reliée à l'immunité relative qu'ont pour toutes les épidémies et pour presque tous les maux en général les gens bien

8

nourris, qui ont grand soin de leur santé, immunité relative qui est du reste confirmée par le chiffre très restreint de scarlatineux et varioleux en tout limité à 3 0/0.

Résumons : 1° le juif présente une mortalité moindre que le catholique et par conséquent a une vie plus longue, mais cette différence est surtout due au manque d'enfants illégitimes chez les juifs qui est plus apparent que réel.

2° La mortalité des enfants juifs est pour cette raison, excessivement inférieure.

3° La mortalité des juifs adultes est plus grande que chez les catholiques.

4° Le nombre de décès de vieillards est en proportion de ceux des adultes, plus considérable chez les juifs.

5° Le nombre des décès des femmes est plus petit que celui des hommes, mais cela est dû, en partie, à la proportion moindre des naissances chez les filles, fait qui s'observe aussi dans la population catholique. Elles comptent un nombre supérieur de nonagénaires et d'octogénaires.

6° On a noté chez les femmes, un plus petit nombre de pneumonies d'affections cardiaques et hépatiques ; un nombre plus grand de cholériques et d'affection cérébro-spinales.

7° En général les causes de mort diffèrent chez les juifs de celles qui prédominent chez les catholiques. Chez les enfants juifs le rachitisme et le sclérème sont rares. Les naissances prématurées et les éclampsies plus nombreuses. Chez les adultes les maladies cérébrales et cardiaques, hépatiques et intestinales, les affections cancéreuses prédominent ; les inflammations aiguës des voies respiratoires sont particulièrement rares, de même les suicides et les causes de mort par traumatisme.

8° L'immunité du juif pour les maladies contagieuses et épidémiques n'est pas soutenable.

9° Enfin si on compare la population juive à cette partie de la population catholique qui ne s'adonne pas aux travaux manuels, les différences statistiques et cliniques seraient très petites, et minimes si on pouvait tenir compte des enfants juifs illégitimes.

Donc devant la mort le citoyen juif est l'égal du citoyen chrétien, ce qui s'accorde avec nos observations fournies par l'anthropométrie pour démontrer leur peu de diversité, avec les nations au milieu des quelles ils vivent.

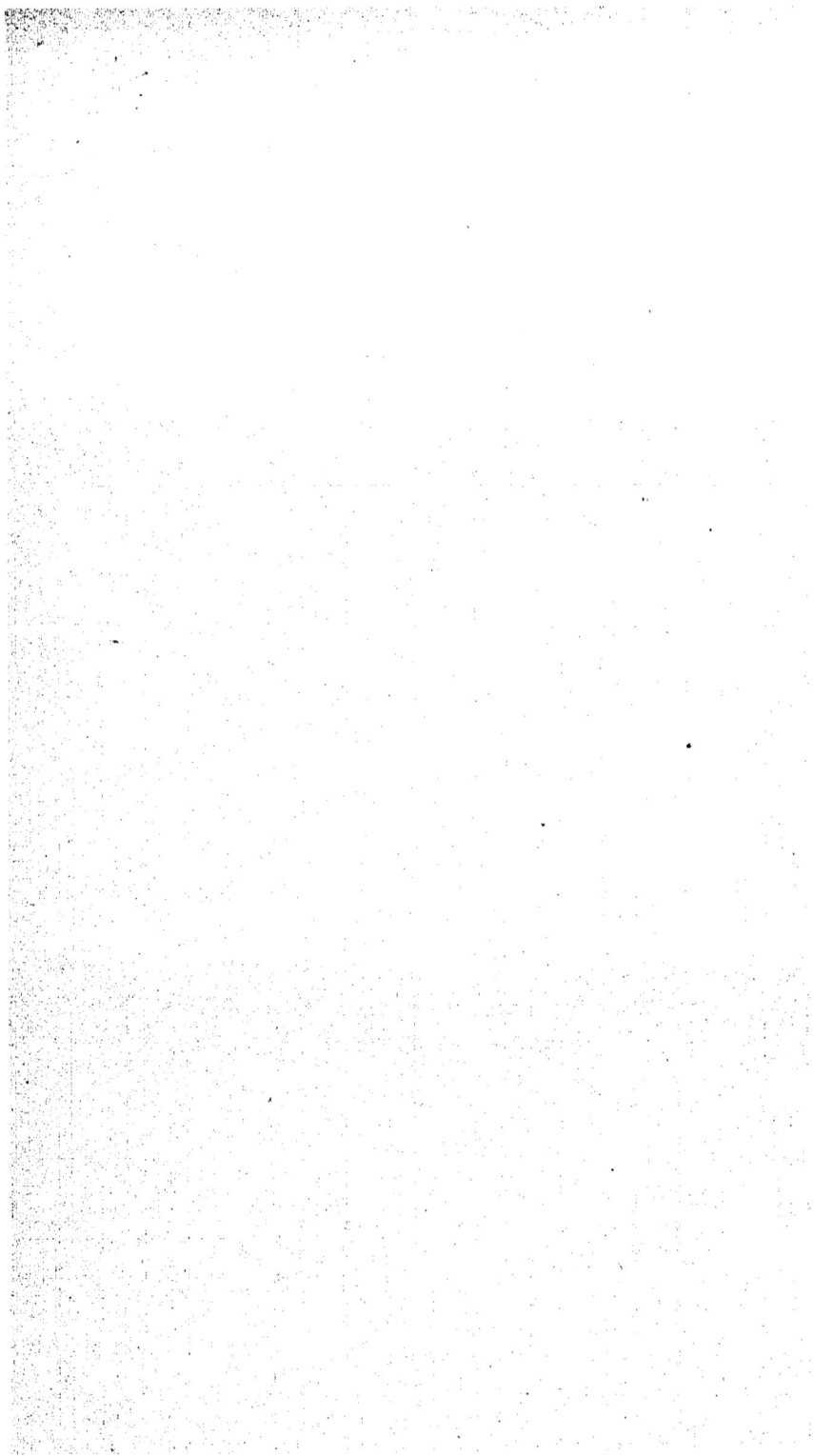

# APPENDICE III

N'ayant pas l'habitude de parler *in verba magistri* et d'établir des conclusions importantes sans en apporter des preuves directes, j'aurais voulu compléter cette monographie en étudiant sur une vaste échelle un grand nombre de crânes juifs, comparés à ceux des Sémites purs. Malheureusement par un préjugé ancré chez les Juifs, les autopsies chez eux sont interdites ; ils ne permettent pas d'exhumer des cimetières, les crânes de leurs coréligionnaires. Aussi une étude directe de crâniologie juive est-elle rendue très difficile même au plus riche anthropologiste.

Ayant heureusement appris par le distingué professeur d'anthropologie Gamba, que l'Académie de Turin possédait cinq crânes de Juifs trouvés dans les catacombes de Saint-Callixte (1), don

---

(1) Prétendu saint qui fût parait-il un libertin, puis secrétaire infidèle d'un banquier, du moins d'après les *Philosophomènes* et qui vivait vers 150 après J.-C.

précieux du prof. Maggioroni, j'ai immédiatement
profité de cette aubaine d'autant plus précieuse
que les mélanges ethniques à cette époque devaient
être moindres et par suite le type plus authenti-
que.

Je les ai confrontés aidé dans ce travail par le
docteur Roncoroni et l'étudiant Bruni avec 7 crânes phéniciens, dont un étudié par Nicolucci ; les
6 autres offerts par le général Cesnola, et trouvés
dans les fouilles qu'il a exécutées dans l'île de Chy-
pre et où il a trouvé en même temps des idoles de
Phallus et des inscriptions phéniciennes ; ces
crânes sont d'une authenticité certaine par conséquent, et d'après ses recherches remonteraient à
l'époque de Sennacherib, vii° siècle avant J.-C.

### Crânes hébreux

L'étude des cinq crânes hébreux (consignés au
musée sous les N° de 47, 48, 59, 50, 51, nous a
donné les résultats suivants :

N° 47. — Front fuyant. — Suture sagittale presque effacée. — Alvéoles dentaires disparues. — Os
Wormvers à l'occiput. — *Thorus occipitalis*. — Angle orbit. du frontal un peu proéminent. — Ouverture nasale ptéléiforme. — Sinus frontaux. — Orbites quadrangulaires avec capacité à D. de 34 à G.
de 27 ; total 61 ? Indice céphalique orbitaire 21,4.
Avec la classification crânienne de Sergi. — *Ellip-
soïdes isoporicampylus*.

Diamètre long. 150. — Transversal 144. — Indice céphalique 80.

Diamètre vertical 123. — Bizygomatique 129. — Frontal minime 90.

Circonférence 512. — Courbe longit. (au trou occip.) 342. — Trans. 290.

Poids (sous maxillaire inférieure) 295. — Capacité 1310. — Ind. vert. 79.

Nº 48. — Fossette occipitale moyenne. — Caractère enfantiles. — Suture basilavre ouverte, — front perpendiculaire et bas.

Bosses pariétales exagérées. — Semble avoir appartenu à un enfant de 13 ans, — *Pantagonoïdes oblungus*.

Diamètre long. 184. — Transv. 140. — Indice céphalique 76,1 ; les orbites droit et gauche ont un volume de 22 cmc. chacun ; l'indice céphalique, orbit. est de 30,7.

Diamètre facial vertical 118. — Bizygomatique 109. — Frontal minimum 51.

Circonférence crânienne 502. — Courbe longitudinale (jusqu'au trou occip.) 354. — Transv. 285. — Poids (sans les maxill.) 410. — Capacité 1350. — Indice vertical 72.

Nº 49. —Type régulier mais avec *thorus occipitalis*. — Sinus frontaux exagérés. — Os nasaux rentranto ; ligne crotaphitique nette, rugosité assez notable à l'os mulaire, aplatissement de l'angle externe du frontal ; bosses pariétales saillantes ; on note une dépression de 1 cmc. 1/2 derrière le

bregma, qui donne au crâne une forme de selle.
D'après la méthode Sergi, ce serait un *sptenoïdes
oblungus*.

Diamètre longitudinal 191.— Transversal 149. —
Indice céphalique 78.

Diamètre vertical 146. — Birygomatique. 130 —
Frontal minimum 100.

Circonférence 520. — Courbe longitudinale 350.
— Transversale 300.

Poids 640. — Capacité 1440. — Indice vert. 79.
— Volume orbitaire à D. 31,5, à G. 31.

Total 62,5. — Indice céphalo-orbitaire 23,2.

N. 50. — Crâne brisé. — Régulier. — Os wormiens nombreux ; légère asymétrie de l'occiput ;
léger chevauchement du pariétal sur le frontal ;
machoire grêle. — Un peu platicéphale ; ligne crotaphitique nette ; sutures sagittales et coronaire sim-
ples. — D'après la méthode Sergi ce serait un *Byr-
soïde*.

Diamètre longitudinal 181. — Transv. 151. —
Indice céphalique 83,4.

Circonférence 516. — Courbe longitudinale (jusqu'au trou accipital) 362. — Transv. 320.

Poids 530 — Capacité 1,530. L'orbite droit a un
volume de 28 cc., l'orbite gauche manque.

N. 51. — Crâne épais avec suture métopique. —
Suture sagittale un peu proéminente et rugueuse. —
Os nasaux rentrants. — *Sphenoïdes latus*.

Diamètre longitudal 173. — Transv. 130. — Indice céphalique 75,1.

Diamètre vertical 194. — Bizygomatique 124. — Frontal minimum 122.

Circonférence 502. — Courbe longitudinale *alph.* 352. — Transversale 305.

Poids (toujours sous les machoires) 680. — Capacité 1,310. — Ind. vertical 80. — Volume orbit. à D, 25,5, à G. 26, indice orbitaire 25,7.

## *Crânes phéniciens.*

N. 119. — Crâne de femme ? — Triple *plagiocéphalie* du pariétal G. ; de l'occipital et du frontal D. — Os basilaire horizontal irrégulièrement ovoïde avec asymétrie de la sagittale qui en arrière dévie à gauche. — Crâne pathologique.

Diamètre longitudinal 180. Transv. 140. — Ind. céphal. 77,8.

Diamètre vertical 132. — Frontal minimum 101. — Circonférence 502. — Courbe longitudinale 354. — Transversale 322. — Capacité 1.498.

N. 121. — Bosses pariétales proéminentes. — *Thorus occipitales.* — (Incomplet). — Crâne presque basiotique dû à l'existence d'une fosse dans le sinus postérieur du basilaire ; trou déchiré postérieur excessivement large ; fossette occipitale moyenne bien développée. — *Romboïdes oblungur* de Sergi.

Diamètre longitudinal 185. — Transversal 152. — Indice céphalique 82, 2.

Diamètre vertical 129. — Frontal minimum 100.

N. 122. — Crâne oblong. — Plagiocéphalie postérieure ; os wormiens ; ouverture *ptéléiforme* des os nasaux ; *Thorus occipitales.* Côté gauche de la voûte crânienne déprimée avec la suture coronaire soudée à gauche, tandis qu'à droite la suture est manifeste. — Reborde orbitaire du frontal proéminent. *Sphenoides stenometopus* de Sergi. — Nettement dolichocéphale.

Diamètre longitudinal 185. — Transversal 140. — Indice céphalique 75,7.

Diamètre vertical 115. — Bizygomatique 118. — Frontal minimum 96.

Circonférence 511. — Courbe longitudinale 330. Transversale 292.

Poids 580. — Capacité 1.240.

N. 123. — Crâne ultra-dolichocéphale. — Notable soulèvement le long de la sagittale ; l'occipital incliné en bas ; les zygomatiques sont très proéminents, face très élevé. — *Pentagonoides acutus* de Sergi.

Diamètre longitudinal 193. — Transversal 135. — Indice céphalique 69,9.

Diamètre vertical 133. — Bizygomatique 130. — Frontal minimum 100.

Circonférence 514. — Courbe longitudinale 392. — Transversale 293.

Poids 551. — Volume orbitaire à D. 26 à G. 25 total 51 ; l'indice céphalique orbitaire est de 27,4 ;

N. 124. — Crâne dolichocéphale. — Ellipsoides isopéri campylus (à courbes égales de Sergi.

Diamètre longitudinal 199. — Tranversal 149.
— Indice céphalique 74,9.

Frontal minimum 110.

Circonférence 552. — Courbe longitudinale 376.
— Tranversale 320.

Capacité 1490.

N. 125. — Il ne reste que la calotte, le front
est assez fuyant ; le crâne est petit (crâne de nain)
l'angle orbitaire du frontal est très proéminent.
*Trapezoïdes pyrgoïdes.*

Diamètre longitudinal 173. — Transv. 137. —
Indice céphalique 79,2.

Diamètre vertical 116.

Le crâne phénicien de Nicolucer est *ovoïdes
medius* très dolichocéphale et donne les mesures
suivantes :

Diamètre longitudinal 183. — Transversal 133.
— Indice céphalique 72,7.

Diamètre bizygomatique 115. — Frontal minimum 157. — Circonférence 530. — Courbe longitudinale 365.. — Transversale 330.

Un autre débris de crâne (lettre A 128) présente
un peu de sclérose et la suture métopique.

Diamètre longitudinal 191.

Sur les cinq crânes hébreux, trois sont des dolichocéphales vrais, deux sont brachicéphales, l'un
des deux surtout l'est très nettement (83). En
moyenne l'indice céphalique est de 78.

La capacité crânienne, sauf dans un cas est inférieure à la moyenne.

Au contraire dans les crânes phéniciens la dolichocéphalie est beaucoup plus nette, et atteint l'indice 69 de sorte que sur 7 crânes un seul est brachicéphale et l'indice céphalique est en moyenne de 73. Mais en se servant de la méthode de Sergi, de suite on voit combien est plus grande la diversité de formes dans les crânes hébreux qui sont beaucoup plus nettement différenciés et qui par leur variété se rapprochent plus des crânes européens que des crânes sémites.

Déjà ces quelques chiffres nous montrent combien diffère le crâne hébreu du crâne sémite si net par sa dolichocéphalie.

Outre celle de Luschan, toutes les observations prises sur des séries plus ou moins nombreuses et de provenances assez diverses de sémites, donnent des moyennes variant de 73 à 77. Une collection de 28 crânes a donné à Quatrefages et à Hamy une moyenne de 72,9. Sur 28 autres crânes Topinard a trouvé une moyenne de 74.

|      |      |                          |      |
|------|------|--------------------------|------|
| 28   | Arabes | (Gilbert Dhercourt)...... | 76   |
| 74   | »    | (Lugneau) ............... | 75,4 |
| 47   | »    | (Topinard)............... | 76,3 |
| 20   | »    | de l'Arabie Pétrée........ | 73,8 |
| 20   | »    | Bédouins de Syrie........ | 75,4 |

Les Maures du Maroc du Sud présentent la même conformation. La hauteur crânienne est du reste très — évidente. — L'indice vertical est approximativement de 100 tandis que chez nos hébreux il n'a donné que 80.

Ces données encore prouvent donc le peu de sémitisme retrouvé chez les juifs à des époques même très reculées (1).

(1) *Dict. des Sciences Anthrop.* Article *Semit.* 1882.

9.

**de 176 Turinois vivants, 82 Hébreux et 94 Chrétiens.**

| Circonf. cranienne | | | Courbe transverse | | | Courbe longitud. | | | Diamètre longitud. | | | Diam. transversale | | |
|---|---|---|---|---|---|---|---|---|---|---|---|---|---|---|
| Millim. | Juifs | Chrétiens | Millim. | Juifs | Chrétiens | Millim. | Juifs | Chrétiens | Millim. | Juifs | Chrétiens | Millim. | Juifs | Chrétien |
| 630 | 1 | 0 | 370 | 9 | 4 | 380 | 0 | 4 | 213 | 1 | 0 | 188 | 1 | 0 |
| 593 | 4 | 1 | 360 | 1 | 5 | 372 | 1 | 1 | 207 | 1 | 0 | 179 | 0 | 1 |
| 590 | 1 | 1 | 355 | 2 | 2 | 371 | 1 | 0 | 202 | 0 | 0 | 178 | 0 | 1 |
| 587 | 5 | 0 | 350 | 0 | 4 | 370 | 2 | 5 | 200 | 4 | 0 | 176 | 0 | 1 |
| 583 | 0 | 1 | 348 | 0 | 1 | 369 | 1 | 0 | 199 | 1 | 0 | 175 | 0 | 0 |
| 580 | 3 | 0 | 345 | 0 | 6 | 365 | 0 | 1 | 198 | 1 | 5 | 174 | 0 | 2 |
| 578 | 0 | 0 | 340 | 0 | 9 | 360 | 1 | 1 | 197 | 4 | 1 | 170 | 0 | 2 |
| 577 | 0 | 1 | 338 | 0 | 8 | 358 | 0 | 0 | 196 | 3 | 2 | 169 | 0 | 3 |
| 576 | 0 | 2 | 336 | 2 | 2 | 357 | 0 | 4 | 195 | 3 | 2 | 168 | 0 | 3 |
| 575 | 1 | 0 | 335 | 0 | 7 | 356 | 4 | 4 | 194 | 6 | 2 | 167 | 0 | 1 |
| 574 | 2 | 1 | 333 | 0 | 2 | 355 | 1 | 0 | 193 | 3 | 1 | 166 | 1 | 1 |
| 573 | 2 | 0 | 332 | 0 | 3 | 353 | 1 | 0 | 192 | 5 | 9 | 165 | 2 | 4 |
| 572 | 1 | 4 | 328 | 2 | 2 | 352 | 2 | 10 | 191 | 8 | 2 | 164 | 0 | 2 |
| 571 | 6 | 2 | 326 | 2 | 3 | 351 | 1 | 0 | 190 | 4 | 1 | 163 | 2 | 2 |
| 570 | 0 | 0 | 325 | 4 | 2 | 350 | 1 | 1 | 189 | 1 | 4 | 162 | 0 | 0 |
| 569 | 5 | 4 | 324 | 0 | 3 | 349 | 5 | 0 | 188 | 8 | 3 | 161 | 1 | 3 |
| 568 | 5 | 0 | 323 | 0 | 15 | 348 | 0 | 1 | 187 | 3 | 8 | 160 | 4 | 2 |
| 567 | | | 313 | 1 | 0 | 344 | 3 | 0 | 183 | 0 | 3 | 156 | 11 | 8 |
| 562 | | | 312 | 3 | 0 | 343 | 4 | 0 | 182 | 1 | 0 | 155 | 10 | 6 |
| 561 | | | 311 | 1 | 0 | 342 | 3 | 0 | 181 | 0 | 2 | 154 | 5 | 7 |
| 560 | | | 310 | 5 | 0 | 341 | 5 | 17 | 180 | 3 | 1 | 153 | 3 | 4 |
| 558 | | | 309 | 3 | 0 | 340 | 1 | 0 | 179 | 1 | 0 | 152 | 2 | 2 |
| 557 | | | 307 | 4 | 0 | 339 | 1 | 0 | 178 | 0 | 0 | 151 | 5 | 0 |
| 556 | | | 306 | 3 | 0 | 338 | 1 | 0 | 177 | 0 | 5 | 150 | 1 | 4 |
| 555 | | | 305 | 2 | 0 | 337 | 1 | 5 | 176 | 2 | 1 | 149 | 0 | 8 |
| 554 | | | 304 | 1 | 0 | 336 | 1 | 0 | 175 | 1 | 0 | 148 | 0 | 0 |
| 550 | | | 303 | 4 | 0 | 335 | 3 | 0 | 174 | 1 | 0 | 147 | 0 | 1 |
| 548 | | | 302 | 2 | 0 | 334 | 0 | 18 | 173 | 0 | 0 | 146 | 0 | 2 |
| 544 | | | 300 | 1 | 0 | 333 | 2 | 0 | 172 | 0 | 6 | 145 | 0 | 1 |
| 543 | | | 299 | 1 | 0 | 330 | 1 | 0 | 171 | 0 | 0 | 143 | 0 | 1 |
| 542 | | | 298 | 3 | 0 | 329 | 3 | 0 | 170 | 1 | 0 | 144 | 0 | 1 |
| 540 | | | 297 | 3 | 0 | 328 | 0 | 6 | 168 | 0 | 0 | 142 | 1 | 1 |
| 537 | | | 296 | 5 | 0 | 327 | 2 | 0 | 167 | 0 | 0 | 140 | 0 | 2 |
| 535 | | | 294 | 2 | 0 | 326 | 1 | 0 | 166 | 0 | 0 | | | |
| 534 | | | 293 | 2 | 0 | 325 | 5 | 0 | 160 | 0 | 0 | | | |
| 533 | | | 290 | 2 | 0 | 323 | 1 | 0 | 135 | 0 | 0 | | | |
| 530 | | | 289 | 1 | 0 | 322 | 1 | 0 | 134 | 0 | 0 | | | |
| 528 | | | 288 | 1 | 0 | 321 | 4 | 0 | 153 | 0 | 1 | | | |
| 527 | | | 284 | 4 | 0 | 320 | 1 | 0 | 151 | 1 | 5 | | | |
| 525 | | | 281 | 1 | 0 | 319 | 1 | 0 | | 3 | 1 | | | |
| 523 | | | 280 | 1 | 0 | 317 | 5 | 0 | | | | | | |
| | | | 276 | 1 | 0 | 316 | 1 | 0 | | | | | | |
| | | | 274 | 1 | 0 | 313 | 4 | 0 | | | | | | |
| | | | 273 | 1 | 0 | 310 | 0 | 2 | | | | | | |
| | | | 223 | 0 | 0 | 308 | 2 | 0 | | | | | | |
| | | | | | | 300 | 0 | 0 | | | | | | |

# TABLE DES MATIÈRES

Laval. — Imprimerie Parisienne. L. BARNÉOUD & Cⁱᵉ.

www.ingramcontent.com/pod-product-compliance
Lightning Source LLC
Chambersburg PA
CBHW072146270326
41931CB00010B/1907